Matthias Roth

Der Hauptstadtflughafen

Politik und Missmanagement

MATTHIAS ROTH

Der Hauptstadtflughafen

Politik und Missmanagement

Ein Insider berichtet

zuKlampen!

Hinweis

Die in diesem Buch beschriebenen Personen existieren so nicht. Handlungen und Eigenschaften von Personen sind ausgetauscht ebenso wie genannte Abteilungen und Funktionen, die beschriebenen Orte und die genannten Zeiten.

info@zuklampen.de · www.zuklampen.de

Umschlaggestaltung: Stefan Hilden, München
unter Verwendung einer Illustration von Stefan Hilden
www.hildendesign.de
Satz: thielenVERLAGSBUERO, Hannover
Druck: CPI – Clausen & Bosse, Leck

ISBN 978-3-86674-228-4

Bibliografische Information der Deutschen Nationalbibliothek
Die Deutsche Nationalbibliothek verzeichnet diese Publikation in der Deutschen Nationalbibliografie; detaillierte bibliografische Daten sind im Internet über ‹http://dnb.d-nb.de› abrufbar.

Für e.

Der erste Monat

Die erste Woche

Der erste Tag

»Um Gutes zu tun, braucht es keine Überlegung.« Obwohl er schon lange tot ist, hat der Mann, der diesen Satz geprägt hat, auch heute noch genug Autorität, und kaum jemand wird ihm widersprechen: Goethe. Ich will ihm auch nicht widersprechen, aber ich will feststellen: Um das Falsche zu tun, braucht es auch keine Überlegung.

»Da sind Sie ja, wie schön, kommen Sie rein!«, die junge Mitarbeiterin der Personalabteilung empfängt mich in ihrem Büro, es ist mein erster Arbeitstag. Vor einigen Tagen hatten wir telefoniert und sie hatte mich vorsichtig gefragt, ob ich an meinem ersten Arbeitstag etwas früher kommen könne, so gegen halb neun vielleicht? Es seien noch einige Formalitäten zu erledigen. Halb neun fand ich nicht unbillig und daher hatte ich keine Einwände.

»Möchten Sie einen Kaffee haben?«, richtet sie das Wort wieder an mich, während sie Unterlagen auf ihrem Schreibtisch zusammensucht.

»Ja, gerne.«

»Hier ist Ihre Stellenbeschreibung und eine Sicherheitsbelehrung, die müssten Sie bitte durchlesen und unterschreiben, ich hole Ihnen inzwischen einen Kaffee.«

Auf der Doppelseite steht, dass ich als Referent in der Zentralen Controllingabteilung der Berliner Flughafengesellschaft eingestellt werde, und was meine Aufgaben sind. Die Formulierungen sind allgemein gehalten und dürften auf ziemlich alle Mitarbeiter zutreffen, die entfernt in einer Finanzabteilung arbeiten. Meine Aufgaben sind mir aber klar, sie sind in drei Bewerbungsrunden ausführlich besprochen worden: Das Controlling der Baustelle, auf der der neue Hauptstadtflughafen der Stadt Berlin entsteht. Die Baustelle hat den Arbeitstitel BBI, der Flughafen selbst wird nach Fertigstellung BER heißen. Die Aufgabe eines Controllers ist üblicherweise die Erhebung und Aufbereitung von Daten als Grundlage für Entscheidungen der Unternehmensführung. Das ist vielleicht vergleichbar mit den Aufgaben eines Navigators auf einem Schiff. Der Kapitän bestimmt das Ziel und den groben Kurs, der Navigator kümmert sich um Position, Kurs und Geschwindigkeit. Beide zusammen kommen überein, in welcher Zeit das Ziel erreicht werden kann und soll, und wie viel Diesel dabei verbraucht wird.

Vor wenigen Monaten wurde der Termin für die Eröffnung des Flughafens um ein dreiviertel Jahr verschoben, weil ein Planer insolvent wurde und in der Folge wichtige Baupläne fehlten. Es gibt also offensichtlich Probleme mit dem Ziel, dem Kurs und der Zeit.

»Hier ist Ihr Kaffee.«

Die junge Kollegin ist zurück. In der nachfolgenden halben Stunde muss ich weitere Formulare ausfüllen und einige Unterschriften leisten. Die junge Kollegin erzählt derweil, wie schwierig es war, meine Stelle zu besetzen und welcher Aufwand getrieben wurde. Über ein Jahr sei die Stelle unbesetzt gewesen. Das wurde auch im Bewerbungsgespräch erwähnt, aber ich habe nicht nach den Gründen gefragt. Ich bekomme meinen Flughafenausweis und eine Willkommenstüte mit Werbegeschenken und einer Broschüre über den Flughafen und über die Baustelle.

»So, das wäre geschafft.« Die junge Kollegin ist zufrieden. »Ich bringe Sie jetzt zu Ihrer Abteilung.«

Die Ankündigung klingt nach mehr Leistung als nun unmittelbar folgt, denn »meine Abteilung« ist direkt auf der anderen Seite des Flurs. Nach vier Schritten stehen wir im Büro meines Chefs. Er ist leider nicht da. Eine Tür weiter wird uns geholfen.

Eine ältere, aber drahtige Frau mit schulterlangen lockigen Haaren sitzt hinter ihrem Schreibtisch und begrüßt uns: »Ach, da sind Sie ja, ich habe Sie schon erwartet. Ich soll Sie erstmal in Empfang nehmen.« Sie steht auf, läuft um Ihren Schreibtisch herum und reicht mir die Hand. »Ich bin Frau Moori und Sie werden bei mir im Büro sitzen.«

Die Kollegin aus der Personalabteilung verabschiedet sich, sie sei etwas im Stress. Wir bleiben zu zweit zurück und Frau Moori weiß nicht so recht weiter. Der Chef habe noch eben ein wichtiges Gespräch, er sei aber gleich zurück. Wir stehen etwas unentschlossen herum.

»Sind Sie nervös?«, überbrückt sie die Stille.

»Nein, warum sollte ich nervös sein?«, frage ich überrascht. Tatsächlich habe ich keinen Grund, es wirkt doch alles ganz normal.

Meine neue Kollegin schaut ungläubig. Schließlich zeigt sie auf den leeren Schreibtisch, der ihrem gegenüber steht: »Ja, das ist wie gesagt Ihr neuer Arbeitsplatz. Ich glaube, unser Chef hat Ihnen da schon Unterlagen hingelegt … Ja, genau, hier, das Organigramm der Flughafengesellschaft. Das können Sie mal durchsehen. Da sehen Sie hier oben unseren Geschäftsführer und daneben den anderen Geschäftsführer, zuständig für die Baustelle. Der ist aber nur Nummer 2, unser Geschäftsführer ist die Nummer 1.« Sie zeigt in einem Organigramm auf einen umrahmten Namen unterhalb »unseres« Geschäftsführers. »Und den hier kennen Sie, oder? Weil, bei dem müssten Sie eigentlich ein Bewerbungsgespräch gehabt haben, nicht wahr?«

»Ja, das ist richtig, das hatte ich.« Und ich erinnere mich auch noch gut daran. Das war im letzten Winter und ist inzwischen sieben Monate her. »Ist er dann Nummer 3?«, frage ich meine neue Kollegin.

Die überlegt kurz: »Nein, eher so … vielleicht Nummer 7. Die meisten anderen Bereichsleiter sind wichtiger.«

Das finde ich eine interessante Einschätzung und ich frage zurück: »Also haben wir den wichtigsten Geschäftsführer und den unwichtigsten Bereichsleiter?«

Frau Moori lächelt: »Ja, das kann man so sagen.«

Ich schaue wieder auf das Organigramm. Nummer 7 hat einige Abteilungen unter sich, unter anderem das Zentrale Controlling, meine Abteilung. Unterhalb der Bereichsleiter gibt es sehr viele Abteilungen mit jeweils einem Abteilungsleiter, mein Chef ist einer davon. Bei der Anzahl wird er schon Glück haben, wenn er die Nummer 50 in diesem Unternehmen ist. Weiter komme ich mit meinen Gedanken nicht, da betritt Nummer 50, Torsten Baumgard, unser Büro.

»Hallo, da sind Sie ja! Schön, dass Sie da sind, und willkommen beim Flughafen.« Wir reichen uns die Hand. »Kommen Sie, setzen wir uns in mein Büro.«

Es sind vier Monate vergangen, seit ich auch ihn zuletzt gesehen habe, es war Winter, kalt und dunkel. Jetzt ist Hochsommer und einer der heißesten seit langem. Die frühe Sonne scheint ins Büro und es ist schon jetzt warm, angenehm warm. Aber dabei wird es vermutlich nicht bleiben.

»Es ist schön, dass Sie da sind, wir haben unglaublich viel zu tun und die Abteilung ist vollkommen unterbesetzt. Die Kollegen sind alle am Limit.« Herr Baumgard lässt keinen Zweifel daran, welche Erleichterung ein neuer Mitarbeiter für ihn bedeutet. Er hatte mir eine Prämie versprochen für jede Woche, die ich früher beim Flughafen anfangen könne. Aber ich konnte nicht.

Herr Baumgard greift hinter sich und fördert eine großformatige Pappe mit dem Grundriss der Büros seiner Abteilung hervor, die an der Wand lehnte. Auf der Pappe kann ich erkennen, dass die Abteilung meines Chefs sich über sechs Räume erstreckt, die alle aneinandergereiht liegen und durch Türen jeweils miteinander verbunden sind. Er hat das mittlere Büro und ich sitze mit Frau Moori im Büro unmittelbar südlich davon.

»Wir haben ja einige Umbauarbeiten hier vorgenommen, bevor Sie gekommen sind«, erläutert er. »Also konkret haben wir Ihr Büro und mein Büro durch eine neue Tür verbunden. Früher mussten wir hier immer über den Flur laufen, jetzt sind alle Büros der Abteilung auch intern verbunden.«

Ich werfe einen Blick auf die Tür. Tatsächlich, sie sieht frisch aus. Die Handwerker scheinen mit dem Zusammenbau nicht ganz fertig geworden zu sein, am oberen Türrahmen fehlt noch die Verkleidung. Torsten Baumgard fährt fort in seinen Erläuterungen:

»Was jetzt am dringendsten anliegt, ist, dass Sie Aufgaben von Frau Moori übernehmen, also konkret die Betreuung des Bereiches Liegenschaften und der Gesellschaft Flughafen Energie und Wasser, kurz FEW.«

Ich bin überrascht: »Wieso Liegenschaften, was ist mit der Baustelle?«

»Der Bereich B, also die Baustelle selbst, soll weiterhin betreut werden von der Frau Moori, sie will das nicht abgeben.«

»Ich verstehe nicht, wir haben doch in den Bewerbungsgesprächen darüber gesprochen, dass jemand gesucht wird, der die finanzielle Situation der Baustelle betreut. Warum ist das jetzt geändert?«

»Nein, das ist noch so, nur müssen wir das anders einstellen. Zunächst betreuen Sie die FEW und die Liegenschaften, die ja indirekt auch mit der Baustelle zu tun haben. Also konkret: Alles, was fertiggebaut ist, geht in den Bereich Liegenschaften über. Und die FEW stellt den Strom für die Baustelle, der Bezug ist also schon da. Und alles Weitere wird sich finden, keine Sorge.«

Ich bin verwirrt, aber mein Chef bricht das Gespräch ab: »Kommen Sie, ich stelle Ihnen Ihre Kollegen vor.« Die Entwicklung finde ich gar nicht gut, aber Herr Baumgard scheint es nicht bemerkt zu haben. Spätestens bei der Besprechung meiner Aufgaben muss ich das wieder aufbringen.

Zunächst werde ich herumgeführt und den Kollegen vorgestellt. Insgesamt besteht die Abteilung aus acht Mitarbeitern verteilt auf fünf Büros, zwei nördlich vom Chefbüro, drei südlich. In jedem darf ich kurz einige Sätze zu mir sagen, wo ich herkomme und was ich bisher gemacht habe. Anschließend geht es gemeinsam zum Mittagessen in die Kantine. Als wir zurückkommen, ist gerade ein Mitarbeiter der EDV-Abteilung dabei, meinen PC aufzubauen. Ich bekomme einen gebrauchten Mini-Tower mit neuer Maus und aufgearbeiteter Tastatur. In einigen Wochen werde ich die Tastatur umtauschen, weil die Taste »L« nicht mehr geht.

»Laptops gibt es auch, aber nur ab Abteilungsleiter«, lässt mich Frau Moori wissen. »Und das ist zwei Hierarchiestufen über uns.«

»Wieso zwei? Doch nur eine, oder?«

»Nein, weil unsere Abteilung zu klein ist, wir haben keine Teamleiter. Aber eigentlich ist die Struktur: Geschäftsführer, Bereichsleiter, Abteilungsleiter, Teamleiter und dann wir, wir sind hier ganz un…«

Wir werden in unseren Betrachtungen unterbrochen, es klopft an der Tür zum Flur. Es vergehen zwei endlose Sekunden, bevor Frau Moori sich erbarmt: »Ja, bitte?«

Die Tür geht auf und unser Kollege Herr Tönjes tritt ein. Er ist mir heute Vormittag als der jüngste Mitarbeiter der Abteilung vorgestellt worden und bringt mir nun meine Ration Arbeitsmaterialien. Anschließend gibt er mir noch den Hinweis mit auf den Weg, darauf gut aufzupassen. Ich werde noch lernen, wie Recht er damit hat, Büromaterial ist in unserer Abteilung schwer zu beschaffen.

Der zweite Tag, Freitag

Ich erreiche den Flughafen um 8:30 Uhr. Torsten Baumgard hat mir freundlicherweise seine Parkkarte überlassen. Damit kann ich auf dem Parkplatz am Gebäude parken und muss nicht auf den Parkplatz weit hinten am Terminal. Herr Baumgard braucht die Karte nicht, als Abteilungsleiter hat er Anspruch auf eine Fernsteuerung für die Schranke, da muss er nicht groß anhalten und mit der Karte herumfingern, sondern kann einfach von ferne die Schranke bedienen und durchrauschen. Neue Parkkarten werden für den Parkplatz nicht mehr vergeben, er ist schon überfüllt. »Weil die Ossis nicht parken können«, wie ich irgendwann erklärt bekomme. Außerdem mussten Teile abgesperrt werden, weil die darunterliegenden Keller einsturzgefährdet sind.

Frau Moori begrüßt mich freundlich, wir geben uns die Hand. Sie findet es gut, dass sie nicht mehr alleine sitzen muss, sondern nun endlich wieder einen Kollegen hat.

»Wissen Sie, ich habe ja auch noch bis letzte Woche ganz hinten hier auf dem Flur mein Büro gehabt, bei den Marketingleuten. Ich bin erst diese Woche umgezogen. Naja, umgezogen ist jetzt vielleicht etwas zu viel gesagt, weil ich habe noch einige Sachen in meinem alten Büro. Also, der Umzug ist noch nicht abgeschlossen, will ich damit sagen.« Es folgt eine kurze Pause bevor sie mich fragt: »Rauchen Sie eigentlich?«

»Nein, ich rauche nicht.«

»Aber es stört Sie doch nicht, wenn ich rauche?«

»Nein, überhaupt nicht, solange Sie nicht hier drinnen rauchen.« Frau Moori reagiert irritiert, sagt aber nichts. Mein PC fährt derweil immer noch hoch und ich wundere mich, wie lange das dauert.

Herr Baumgard hat mir einige Termine weitergeleitet, anscheinend gibt es jeden Dienstag eine Besprechung innerhalb der Abteilung und ein Mal im Monat eine Besprechung mit allen anderen Controllingabteilungen zusammen.

»Ist die Sitzordnung für Sie so in Ordnung?« Frau Moori nimmt dass Gespräch wieder auf. Sie scheint verunsichert. »Ich habe ja einfach jetzt diesen Schreibtisch hier besetzt, aber wenn Sie lieber anders sitzen möchten, können wir darüber sprechen.«

»Nein, das ist für mich so vollkommen in Ordnung.«

Frau Moori ist nicht zufrieden. »Ja, ich frage auch nur noch mal, weil, für mich ist diese Seite hier besser.«

»Dann ist doch super.«

»Ok, dann sitze ich also hier, auf der Seite. Abgemacht. Sehr gut. Ich finde das gut!«

»Ich auch.« Ich sitze mit dem Rücken zum Büro meines Chefs und Frau Moori mir gegenüber. Ich beschließe, bei meinem Chef vorbeizuschauen und betrete sein Büro durch die neue Tür. Wir begrüßen uns per Handschlag.

»Sollen wir uns heute zusammensetzen und über meine Aufgaben sprechen?«, eröffne ich das Gespräch.

»Ja«, entgegnet Herr Baumgard, »ich habe da auch gleich was.« Er öffnet eine Schublade und kramt eine Folienpräsentation hervor. »Sehen Sie das doch zunächst durch, damit Sie einen ersten Eindruck vom Flughafen bekommen.« Er reicht mir die Folien über seinen Schreibtisch.

Die Präsentation ist eine Präsentation vom Flughafen über den Flughafen. Nichts, was ich nicht schon von der Webseite des Flughafens über den Flughafen weiß. Weitere Aufgaben gibt es erstmal nicht. Egal, ich muss ohnehin noch eine Wohnung suchen, für den neuen Job sind meine Frau und ich umgezogen und wir wohnen noch in einer beengten Zwischenlösung. Der weitere Tag vergeht also bei Surfen im Internet, Wohnungssuche und Gesprächen mit Frau Moori. Ich erfahre, dass sie wenige Tage vor der Wende beim Flughafen in Tegel als Ansagerin angefangen und sich dann bis zur Abteilungsleiterin hochgearbeitet habe. Neben der Arbeit habe sie eine Fortbildung gemacht. Ich merke, wie stolz sie darauf ist. Leider sei sie degradiert worden, als die Verwaltungen der Flughäfen Schönefeld und Tegel zusammengelegt wurden und ihre Position doppelt vorhanden war. Und das, obwohl der andere Kandidat aus dem Osten war, aus der DDR. Aber das störe sie nicht, weil das eben so sei. Außerdem habe sie ja nichts gegen diese Leute. Immerhin habe sie ihr Blackberry noch, das bekommen nur Abteilungsleiter. Sie zeigt es mir, es sieht etwas abgegriffen aus. In einigen Wochen wird sie mir damit aus ihrem Urlaub ein Foto schicken von dem Fisch, den sie an der Ostsee geangelt hat. Frau Moori zieht los und beschafft Eimer und Wischlappen, durch die Bauarbeiten an der Tür ist es etwas staubig in unserem Büro.

Mittags geht es wieder in die Kantine, pünktlich um 12:30 Uhr. Das Essen ist solide Hausmannskost in üppigen Portionen. Frau Moori gönnt sich noch einen Nachtisch aus einem winzigen Gläschen und lässt sich viel Zeit mit dem Verzehr. Der Rest der Abteilung schaut ihr dabei zu.

Der Nachmittag vergeht bei Privatgesprächen mit Frau Moori, sie sitzt dabei auf dem Stuhl maximal zurückgelehnt und die Arme vor der Brust verschränkt. Sie erzählt von sich und aus ihrem Leben.

Am späten Nachmittag schaue ich bei Herrn Baumgard ins Büro: »Ich gehe ins Wochenende, schönen Feierabend und bis Montag!«

»Ja, aber Montag in einer Woche, ich habe kommende Woche Urlaub«, mit der Ansage überrascht mich mein Chef.

»Ja, ok.« Ich muss mich kurz orientieren und frage dann: »Was soll ich tun, haben Sie Aufträge?«

»Nein, finden Sie sich erstmal in Ruhe ein.« Er steht auf, kommt auf mich zu und reicht mir die Hand. »Schönes Wochenende.«

Ich bin überrascht. Ich bin perplex. Und ich bin ins Wochenende entlassen. Als ich nach Hause fahre, begleitet mich ein komisches Gefühl.

Der dritte Tag, Montag

Ich erreiche unser Büro vor Frau Moori. Während mein PC hochfährt, nutze ich die Zeit und wische meinen Schreibtisch. Der Wischeimer steht seit Freitag früh auf Frau Mooris Schreibtisch, darin Wasser und Lappen, aber noch keine Mückenlarven.

Frau Moori betritt das Büro, wir begrüßen uns per Handschlag. Frau Mooris Hand ist etwas feucht. Mein Chef ist im Urlaub und ich habe keine Vorstellung, was ich den Rest des Tages machen soll. Ich verwickle Frau Moori in Gespräche über den Aufbau und die Struktur des Flughafens, sie erzählt wenig darüber und viel über sich. Am Ende des Tages kenne ich ihr Leben in groben Zügen von den ersten verschwommenen Erinnerungen bis in die Gegenwart. Der Vormittag zieht sich etwas.

Nachmittags unterbricht ein Anruf aus der IT-Abteilung Frau Mooris frei vorgetragene eigene Biografie. Ich bin für das Gruppenlaufwerk freigeschaltet. Viel ist darauf nicht los, nur sind wahllos einige Dateien vorhanden. Ich vermute, die meisten arbeiten lokal. Ich finde Protokolle der Dienstags-Abteilungsmeetings, das letzte ist vom Februar 2010. Immerhin habe ich so Zeit für meine privaten Belange. Frau Moori erzählt in der üblichen Haltung, weit zurückgelehnt, Arme verschränkt und ich suche nach einer Wohnung. Der Nachmittag zieht sich etwas.

Der vierte Tag, Dienstag

Der gestrige Tag ist nur schleppend vergangen und es gibt keine Anzeichen, dass sich daran heute etwas ändern wird. Es ist 9:30 Uhr, ich hocke seit einer Stunde mit Frau Moori im Büro, E-Mails sind noch keine hereingekommen, das Passwort für unser Buchhaltungssystem SAP habe ich noch nicht und auf den Wohnungsbörsen im Internet gibt es gegenüber gestern keine neuen Angebote. Frau Moori hängt schlaff über ihrer Tastatur und klickt lustlos herum, den Kopf auf der linken Hand aufgestützt.

Ich stehe auf und trete hinaus auf den Flur vor unserem Büro, die Tür ziehe ich hinter mir wieder zu. Das Hauptgebäude der Flughafengesellschaft ist ein sehr langgezogener zweistöckiger Klinkerbau aus der Zeit vor dem ersten Weltkrieg mit einem langen Flur in jeder Etage, an dem links und rechts die Büros liegen. Mein Büro liegt ziemlich mittig in dem langen Flur im ersten Stock, nach rechts Richtung Norden kann ich den Flur hinaufblicken bis zu dem Fluchtpunkt, an dem Decke, Boden und Wände zusammenlaufen. Dort hinten geht es eine Etage tiefer hinaus auf den Parkplatz. Nach links Richtung Süden geht der Blick nicht ganz so weit, ich kann die Glastür am Ende des Flurs noch erkennen. Kurzentschlossen lenke ich meine Schritte nach links in Richtung Glastür. Auf dem Flur liegt derselbe graue Teppich, den ich auch im Büro habe, er ist schon reichlich niedergetreten und abgewetzt. Rechts reihen sich die Türen der Personalabteilung aneinander, alle geschlossen. Links endet nach einigen Schritten das Reich von meinem Chef und es beginnen die Büros der Abteilung »Sicherheit«. Ich laufe weiter, rechts sind noch immer die Büros der Personalabteilung, alle Türen sind zu, links die Sicherheit, auch alle Türen zu. Die letzte Tür rechts steht offen, das ist die Herrentoilette. Hinter der Glastür beginnt das Treppenhaus, es ist repräsentativ und verbindet das Foyer am Haupteingang eine Etage tiefer mit den Räumen im dritten Stock. Dort oben irgendwo sitzt Nummer 7, wenn ich das von meinem Bewerbungsgespräch noch richtig in Erinnerung habe. Das Treppenhaus ist quadratisch, die Treppe verläuft im Uhrzeigersinn an den Wänden entlang und schraubt sich so nach oben. In der Mitte bleibt Raum frei für eine schockierend hässliche, eckige Hängeleuchte, die von der Decke in der dritten Etage bis in das Foyer herunterhängt. Ich schätze ihr Baujahr auf die frühen 60er Jahre. Rechtsherum folge ich dem Verlauf der Treppe hinunter in das Foyer. Die Stufen sind aus Marmor und an den Ecken rund abgetreten. Im Foyer sitzt eine Pförtnerin hinter ihrem Pult und schaut nur kurz von ihrem

Kreuzworträtsel auf. Hinter zwei Automatiktüren scheint die Sonne und die Vögel zwitschern. Ich wandere hinüber in die Kantine, dort wird für die Mitarbeiter Frühstück bereitgehalten. Für mich gibt es einen Kaffee, der ist nicht besonders gut, aber dafür auch erfreulich billig. Die Kantine ist ziemlich leer, vermutlich ist es auch schon etwas spät für Frühstück.

Um 10:30 Uhr bin ich zurück an meinem Schreibtisch. Frau Moori hockt unverändert über ihren Tasten und reagiert nicht auf meine Rückkehr. Ich entsperre meinen Bildschirm und bin ratlos. Was jetzt? Ich starre links an meinem Monitor vorbei aus dem Fenster. Der Blick geht über das Vorfeld des alten Flughafens Schönefeld. Der Flughafen wickelt für Berlin Billigflugverkehre ab, AirBerlin und EasyJet. Weit hinten auf einer Abstellposition steht eine schwarze Fokker. Das vermute ich jedenfalls, ich kann das von hier so genau nicht erkennen. Ich schaue im Internet nach Wohnungen, alles noch immer unverändert, keine neuen Angebote. Es klopft an der Tür, Herr Lackner tritt ein. Er ist der Stellvertreter von Torsten Baumgard. Er begrüßt Frau Moori und anschließend mich mit Handschlag.

»Hört mal«, ist seine Eröffnung, »habt ihr was für das Abteilungsmeeting gleich?« Frau Moori denkt nach. »Ich habe nämlich nichts und würd das sonst absagen, da Herr Baumgard nicht da ist.«

Frau Moori nickt zustimmend. »Ja, da bin ich dafür.«

Ich habe auch nichts, der Kollege nickt und ist wieder weg. Fünf Minuten später sagt er den Termin ab, meinen einzigen Termin in dieser Woche. Es ist elf Uhr, noch anderthalb Stunden bis zum Mittagessen. Ich lese im Internet die FAZ.

Nach dem Mittagessen zurück im Büro wende ich mich an Herrn Lackner und frage ihn als Vertreter meines Chefs, ob er Aufgaben für mich habe. Er ist überrascht und vollkommen ratlos. Er blättert wahllos in einigen Papierstapeln auf seinem Schreibtisch.

»Ja, da weiß ich jetzt auch nicht … hat denn … ähm … Herr Baumgard nichts …?«

Schließlich fördert er den Controlling Monatsbericht vom letzten Monat zu Tage. »Hier, da können Sie reinschauen, das ist unser Monatsbericht.«

Zurück an meinem Schreibtisch verlangt Frau Moori zu wissen, was ich da habe. Ich halte ihr den Monatsbericht hoch.

Sie lehnt sich zurück, so weit ihr Bürostuhl das zulässt und verschränkt die Finger hinter dem Kopf: »Was ich da gestern erzählt habe, also über meine Eltern, ja? Dazu muss ich noch sagen … «, und weiter geht es mit dem Bericht aus ihrem Leben.

Als ich abends nach Hause fahre, fühle ich mich wie nach einer ordentlichen Kneipenschlägerei und viel Alkohol.

Der fünfte Tag, Mittwoch

Der monatliche Controllingbericht des Flughafens ist so etwas wie die Meldung der Navigatoren an die Geschäftsführung über die aktuelle Position des Tankers im Vergleich zu den im letzten Jahr gesetzten Zielen. Der Flughafen ist in unterschiedliche Bereiche organisiert, die in unterschiedlichem Umfang zum Erfolg oder Misserfolg des Unternehmens beitragen. Der Bereich Liegenschaften und die Beteiligung FEW übertreffen ihre Planwerte um einige Millionen. Trotzdem erwirtschaftet die FEW Verluste, nur eben weniger als geplant. In der Detailbeschreibung wird dazu eine ganze Liste von Positionen erläutert, die jeweils besser oder schlechter sind als ursprünglich geplant und die in der Summe das Ergebnis der FEW ausmachen.

Die Aussagekraft des Berichtes hält sich in Grenzen, die Meldung an den Kapitän sieht etwa so aus: »Gegenüber der Planung haben wir mehr für Diesel bezahlt, aber wir sind auch weiter gefahren, wir haben mehr transportiert und dafür mehr Erlöse bekommen. Allerdings haben wir auch mehr Reparaturen als geplant und in der Summe haben wir Verlust gemacht.«

Ich schätze, ein Kapitän wird sich das anhören, die Stirn runzeln und denken: »Aha.«

Vielfach ist heute die Steuerung von Unternehmen über Kennzahlen verbreitet. Dabei wird das Ergebnis in viele Teilkomponenten zerlegt, die zentrale Aspekte des Geschäfts beschreiben: Das Ergebnis wird zum Beispiel beeinflusst von den Kosten für Diesel bezogen auf die gefahrene Seemeile. Diese Kosten wiederum hängen ab von den Kosten für Diesel je Liter einerseits und dem Verbrauch andererseits. Der Verbrauch hängt dann wieder ab von der Beladung und der Geschwindigkeit. In der Summe entsteht eine baumartige Struktur mit ausgewählten, wesentlichen Kennzahlen. Das aufzusetzen ist nicht trivial, insbesondere, weil die Erhebung und Berechnung solcher Kennzahlen automatisch erfolgen muss, um den Verwaltungsaufwand gering zu halten.

Im Ergebnis aber bekommt der Kapitän die Meldung: »Sir, wir hatten im letzten Monat höhere Kosten für Diesel. Der Dieselpreis selbst ist unverändert, aber unser Verbrauch ist gestiegen. Wir sind nicht mehr beladen als sonst und wir fahren auch nicht schneller als sonst. Sir, es scheint ein Problem mit den Maschinen zu geben, Sir!«

Der Kapitän wird dann denken: »Es gibt ein Problem mit den Maschinen.« Außerdem wird er denken: »Ich sollte sie durchchecken lassen.«

Aber so weit ist der Flughafen noch nicht.

Es ist zehn Uhr an diesem Mittwoch, ich bin seit einer Stunde im Büro. Trotz des frühen Morgens ist es schon gut warm. Viel passiert ist noch nicht, abgesehen von meiner Durchsicht des letzten Monatsberichtes. Die IT Abteilung hat heute früh den Drucker aus Frau Mooris altem Büro hierher umgeräumt, er steht jetzt auf Frau Mooris Schreibtisch neben dem Wischeimer vom Freitag. Ich habe das vorhin überprüft, es sind immer noch keine Mückenlarven darin, aber das Wasser ist trüber geworden. Ich glaube, Kaulquappen mögen das.

Frau Moori wünscht, dass der Drucker auf die kleine Ablage am Kopfende meines Schreibtisches kommt. Ich habe nichts dagegen. Trotzdem begründet Frau Moori ihren Wunsch damit, sie brauche Platz für ihre Akten.

»Brauchen Sie keinen Platz für Ihre Unterlagen?«

»Nein, die Schreibtische sind groß genug und Akten lege ich praktisch keine an.«

»Keine Akten? Sie müssen doch dokumentieren!?«

»Ja, da erstelle ich ein PDF und speichere das auf dem Gruppenlaufwerk ab.« Es ist klar, wir haben ganz unterschiedliche Vorstellungen von dokumentierten Vorgängen.

Frau Moori lässt nicht ab: »Ach, sind Sie einer von diesen modernen Menschen, die sich an Papier nicht die Fingerchen schneiden wollen?«

»Schneiden Sie sich an Papier die Finger?« Mich erheitert die Vorstellung.

Frau Moori streitet das flugs ab: »Nein, ich schneide mich nicht! Aber ich glaube, Sie sollten aufpassen, sich nicht zu schneiden.«

Ich beachte sie nicht weiter, greife mir den Monatsbericht und laufe zu Herrn Lackner ins Büro. Der ist nicht am Platz und sein Bürokollege weiß über den Verbleib nichts außer, dass Herr Lackner grundsätzlich heute da sei, er habe ihn schon gesehen.

»Und, wie gefällt es Ihnen bisher bei uns?«, fragt er mich dann.

Ich antworte wahrheitsgemäß ausweichend: »Naja, ich arbeite mich in die Themen ein, so viel kann ich noch nicht sagen.« Wir sprechen etwa eine Stunde über dies und das.

Herr Lackner taucht nicht auf, den Monatsbericht lege ich auf seinen Tisch.

Zurück in meinem Büro hat der Drucker anscheinend gerade seinen neuen Platz gefunden, wie besprochen.

Frau Moori steht davor und betrachtet ihr Werk: »Diesen Drucker habe ich mir damals beschafft, als ich noch Abteilungsleiterin war. Es ist gar nicht so einfach, an einen eigenen Drucker zu kommen. Aber Sie können ihn natürlich auch nutzen, das wollte ich jetzt damit nicht sagen.«

»Prima, danke.«

Wir sprechen eine Weile über die Vorteile eines eigenen Druckers, da gibt es ja doch einige. Noch eine Stunde bis zum Mittagessen.

»Frau Moori, Herr Baumgard sagte mir bei der Begrüßung, dass ich auch von Ihnen Aufgaben übernehmen soll?«, versuche ich ein neues Thema.

»Ja, das soll wohl so sein, dass Sie demnächst den Monatsabschluss machen für die FEW und den Bereich Liegenschaften. Aber das zeige ich Ihnen, wenn es soweit ist. Dann können wir das zusammen durchgehen.«

»Kann ich dafür schon etwas vorbereiten?«

»Nein, das machen wir dann zusammen.«

»Kann ich Ihnen irgendetwas anderes abnehmen?«

»Nein, also, Ihre Aufgaben, da muss sich Herr Baumgard kümmern, das ist sein Job, da kann ich nichts machen. Weil, ich hab' auch nichts, was Sie jetzt einfach so kurz hoppla-hopp übernehmen können.« Frau Moori wendet sich wieder ihrem PC zu.

Noch eine Dreiviertelstunde bis zum Mittagessen. Ich könnte mir ja im SAP Buchungssystem anschauen, wie es meinen beiden Bereichen so geht. Aber dann wieder ist ja auch mein SAP Passwort noch nicht da. Und irgendwie fühle ich mich auch etwas müde heute.

Der sechste Tag, Donnerstag

Es ist 09:15 Uhr als ich auf den Parkplatz beim Flughafen fahre. Ich habe mir heute Morgen viel Zeit beim Frühstück gelassen. Ich bin jetzt eine Woche hier und habe in der Sache kein gutes Gefühl. Was wird heute passieren, was soll ich hier tun? Die Sonne wärmt schon ordentlich, es wird vermutlich wieder ein heißer Tag. Es nützt ja nichts, ich steige aus und lenke meine Schritte ins Büro.

»Guten Morgen, Frau Moori!«

Frau Moori steht auf, kommt auf mich zu und reicht mir die Hand: »Morgen.« Ihre Hand ist trotz der frühen Stunde schon etwas verschwitzt.

Ich starte den PC. »Frau Moori, ich habe meine alte Digitaluhr mitgebracht, die hat ein eingebautes Thermometer. Wir können ja wetten, wie warm es heute wird.«

Gestern hatten wir lange genau darüber spekuliert.

Zu der Wettgeschichte hat Frau Moori aber keinen rechten Zugang: »Wetten? Warum sollen wir denn wetten?«

»Nur so?«, schlage ich vor.

»Aha. Und worum sollen wir wetten?«, hakt Frau Moori nach.

Ich habe schon keine Lust mehr, »Ach ist ja auch egal, ich lege die Uhr hier hin.«

»Damit ich weiß, wann meine Stunde geschlagen hat?«, erkundigt sich Frau Moori, sie ist schlecht drauf.

Ich wechsle das Thema: »Ich mache mal Kaffee« und kann in der Küche auch gleich Hände waschen und den verschwitzten Händedruck loswerden.

Ich setze den Kaffee auf und schaue in der Küche aus dem Fenster auf eine gepflegte Wiese mit einzelnen Bäumen. Mitten auf der Wiese steht ein Schild »Treffpunkt«. Das erheitert mich, denn die Wiese ist nicht so sehr groß.

Ich stelle mir vor, wie sich zwei unterhalten: »Lass uns nachher auf der Wiese treffen.«

»Gute Idee, aber wo genau auf der Wiese?«

Präzise in diesem Moment entsteht aus dem Nichts die Idee, auf der Wiese das Schild aufzustellen, sozusagen als Referenzpunkt und damit nie wieder Mitarbeiter auf der Suche nach einander über den Rasen irren mögen. Während meiner Zeit hier werde ich aber nie jemanden an diesem Treffpunkt stehen sehen. An die ferne Seite der Wiese grenzen das Konferenzzentrum und die Kantine, der Weg hinüber führt erst im weiten Bogen nach rechts und dann drüben am Gebäude entlang zum Eingang der Kantine. Ein Riesenumweg, mindestens doppelt so lang wie der direkte Weg über den Rasen. Nichts, weder ein Trampelpfad und auch nicht die geringste Spur herunter getretenen Rasens deuten darauf hin, dass das schon jemandem aufgefallen wäre.

Die Kaffeemaschine fängt an zu gurgeln, der Kaffee läuft durch. Ich sehe mich weiter in der Küche um, es gibt zwei Kühlschränke, beide laufen. Der erste ist leer und dreckig, der zweite ist auch dreckig, kühlt aber dazu eine Sektflasche, eine vertrocknete Tube Senf und zwei Joghurtbecher. Auf der Arbeitsplatte steht eine Mikrowelle. Eine kurze optische Inspektion legt den Schluss nahe, dass darin vor einigen Monaten ein Hamster explodiert sein muss und seitdem festtrocknet.

Ich schaue auf den Flur hinaus, er ist leer. Ich habe wenig Lust, in mein Büro zurückzukehren und mir lange Monologe anzuhören. Ich kann aber auch schlecht hier auf dem Flur herumstehen. Also laufe ich nach links zum Parkplatz und setze mich in mein Auto. Es ist 9:30 Uhr, auf BBC läuft eine spannende Reportage über Namibia. Nach einer Stunde laufe ich zurück.

Auf dem Weg in mein Büro lege ich einen taktischen Stopp im Büro von Herrn Tönjes ein und frage ihn nach meinem Passwort für unser Buchungssystem SAP.

»Ja, das ist noch nicht so weit, leider, das liegt noch beim Betriebsrat«, lässt er mich wissen.

Was der Betriebsrat mit Passwörtern von SAP zu tun hätte, ist mir nicht klar. Herrn Tönjes auch nicht, aber das sei schon immer so gewesen. Ich laufe zurück in mein Büro. Frau Moori hockt hinter ihrem PC in einer Form des Stand-by, neben sich den Wischeimer für die Kaulquappen. Bei mir keine Mails und kein Anruf. Dafür ist in der Küche mein Kaffee schon seit einer Stunde durchgelaufen und simmert auf der Warmhalteplatte vor sich hin. Kaffee auf Warmhalteplatte, die ganz große Barista-Kunst. Noch zwei Stunden bis zum Mittagessen.

Der siebte Tag, Freitag

Um 9:15 im Büro aufzuschlagen ist sicher nicht unbedingt furchtbar früh. Aber nach meinem Empfinden der spätestmögliche Zeitpunkt für einen Mitarbeiter, der noch keine Aufgaben zugeteilt bekommen hat. 9:15 Uhr sagt zumindest noch: Seht her, ich biete meine Arbeitskraft an wie vertraglich vereinbart. Frau Moori ist deutlich früher da und das muss sie auch, schließlich hat sie –wie sie selbst immer wieder betont – sehr viel um die Ohren. Ich bin daher etwas erstaunt, sie nicht am Schreibtisch zu finden, sondern vor dem Büro, lässig an den Türpfosten gelehnt. Die Reinigungskraft ist da und saugt und wischt unser Büro.

»Während der Arbeitszeit?«, frage ich Frau Moori etwas irritiert.

»Ja, warum, wann denn sonst?«, fragt sie zurück, anscheinend ebenfalls erstaunt. »Und guten Morgen übrigens«, fügt sie hinzu und reicht mir die Hand. Wieder verschwitzt, klasse.

Also stehen wir da so herum und schauen der Reinigungskraft beim Reinigen zu. »Sagen Sie Frau Moori«, nutze ich die Gelegenheit, »wann ist denn eigentlich Monatsabschluss, wir haben ja nun schon den 7. Arbeitstag?«

»Vor dem 9. Arbeitstag fangen wir damit nicht an, wann war denn bei Ihrem vorigen Arbeitgeber Monatsabschluss?«

»Am 3. Arbeitstag waren wir damit durch«, gebe ich zurück. Ich glaube, auf unterschiedliche Art sind wir beide beeindruckt.

Der Vormittag verläuft schleppend, ich surfe etwas nach neuen Wohnungen und beschließe schließlich, einen Abstecher in die Kantine zu machen.

Meine Ausflüge dorthin sind nicht unbemerkt geblieben, in der Schlange vor der Kasse werde ich angesprochen: »Hallo, du musst der neue Mitarbeiter von Herrn Baumgard sein, richtig?«

»Ja, das ist richtig.« Ich bin überrascht.

Der Kollege ist jung und blickt mich aus wachen Augen forschend an. Er reicht mir die Hand: »Ich bin Karl. Willkommen beim Flughafen.«

Wir zahlen zwei Kaffee, laufen zusammen zurück zum Hauptgebäude und unterhalten wir uns über hauptsächlich private Belange. Ich erfahre aber trotzdem, dass Karl als Controller im technischen Bereich arbeitet. Ihm macht die Arbeit Spaß, aber es sei schade, dass er den ganzen Tag alleine in seinem Zweierbüro sitze.

Ich will nicht zurück in mein Büro und setze mich mit meinem Kaffee auf dem Parkplatz ins Auto und höre etwas Musik. Als ich ins Büro zurückkehre, ist Frau Moori schon zum Mittag. Also mache ich mich wieder auf den Weg in die Kantine und kürze bei der Gelegenheit über den Rasen ab.

Natürlich fängt mich vor der Kantine ein Kollege ab: »Sie können doch hier nicht einfach über den Rasen laufen!«

»Warum nicht?«

»Es gibt hier gepflasterte Wege und die führen nun mal außen herum!«

»Wie erreichen wir denn dann den Treffpunkt?«, halte ich dagegen und deutete auf das Schild »Treffpunkt« mitten auf der Rasenfläche.

»Der Treffpunkt wird nie genutzt. Es ist zwar in Ordnung, den Treffpunkt zu nutzen, das will ich jetzt damit nicht sagen. Aber ich muss Sie bitten, nicht über den Rasen abzukürzen.«

Ich lasse den guten Mann wissen, dass seine Bitte angekommen ist. Nie wieder habe ich den Mann gesehen, gelegentlich habe ich über den Rasen abgekürzt und häufig bin ich darauf angesprochen worden. Am besten funktioniert folgende Erklärung: »Ich wollte zum Treffpunkt, aber da war niemand, vermutlich sind die schon zum Essen vorgegangen.«

Der Nachmittag zieht sich. Frau Moori hat die übliche Haltung eingenommen, sie berichtet unter anderem vom Fortschritt bei ihrem Umzug in unser gemeinsames Büro: »Ich bin ja mit dem Umzug noch nicht ganz fertig, weil ich ziemlich viel zu tun habe.«

»Sie haben doch mit dem Umzug noch gar nicht angefangen, oder?«

»Richtig, ich habe eben viel zu tun.«

Es vergeht ein kurzer Moment, in dem wir beide nichts sagen. Dann fährt sie fort: »Naja, ganz richtig ist das nicht, ich habe schon angefangen, meinen Gummibaum umzuziehen. Aber der steht in einem ziemlich großen Pott und der wurde mir dann zu schwer. Können Sie mir vielleicht helfen, den herzutragen?«

Als wir auf den Flur hinaustreten, sehe ich den Baum schon gleich. Er steht am nördlichen Ende des Flurs und zwar mittig. Die nähere Inaugenscheinnahme lässt den Transportaufwand bis in unser Büro in keiner Hinsicht gerechtfertigt erscheinen, das Bäumchen ist praktisch tot. Das ist einfach lächerlich, aber ich lasse mir nichts anmerken. Endlich steht das traurige Gewächs bei uns im Büro. Und niemand hat uns gesehen.

Ich werde um halb drei nach Hause fahren, bis dahin sind es noch zwei Stunden. Als ich schließlich im Wochenende bin, fühle ich mich gereizt und sehr müde.

Die zweite Woche

Montag, der achte Arbeitstag

Herr Baumgard ist aus dem Urlaub zurück, ich stehe bei Arbeitsbeginn bei ihm im Büro und er ist gestresst: »Es ist ja unglaublich viel liegen geblieben, das alles in nur einer Woche, unglaublich. Ich habe alleine vierhundert E-Mails bekommen!«

»Was immer ich Ihnen abnehmen kann …«, biete ich an.

Er ist dem Angebot gegenüber aufgeschlossen: »Das ist sehr gut, ich schaue kurz durch die Sachen durch und komme dann gleich auf Sie zu.«

Zwei Stunden später schaue ich wieder bei ihm vorbei, das Büro ist leer. Ein Büro weiter weiß Herr Tönjes: »Herr Baumgard ist in einer Besprechung.«

»Wann kommt er denn wieder?«

»Keine Ahnung, er ist einfach los.«

Ich setzte mich an meinen PC und will in meinem Kalender einen Termin mit meinem Chef einstellen. Dadurch kann ich sehen, dass er seit halb zehn terminlich ausgebucht ist, die Mittagspause ist noch frei. Ich sperre meinen PC, greife mir Geld und meinen roten Flughafenausweis und schlendere hinüber ins Flughafenterminal.

Der Flughafen Schönefeld ist alt, von der DDR als Hauptstadtflughafen gebaut, musste nach der Wende ein Anbau dem gestiegenen Verkehrsaufkommen Rechnung tragen. Dieser Anbau, Terminal C, ist der erste, den ich vom Verwaltungsgebäude aus erreiche. Ich betrete den öffentlichen Bereich. Rechts von mir ist ein Burgerbrater, »Cindys American Diner«, links ein kleiner Buchladen. Vor mir sind einige Check-in-Schalter mit AirBerlin Werbung und dahinter sind die Sicherheitsschleusen.

Dort lässt man mich nicht durch, trotz meines roten Flughafenausweises. Die Mitarbeiterin ist sehr freundlich: »Als Mitarbeiter müssen Sie die Mitarbeiterschleusen nutzen, die sind gleich hier am Gebäude außen um die Ecke!«

Dort komme ich ohne Probleme weiter und wenige Minuten später stehe ich im Sicherheitsbereich des Terminal C. Es ist eher leer, ein Flug wird gerade abgefertigt. Im Mövenpick greife ich mir einen Kaffee und den Tagesspiegel, stecke meinen Flughafenausweis weg (obwohl das verboten ist) und setze mich in eine Ecke. Immerhin ist hier klimatisiert.

Also bin ich jetzt Referent im Zentralen Controlling der FBS, der Flughafengesellschaft Berlin Schönefeld GmbH. Ich habe eine gute Ausbildung und ich habe sieben Jahre Berufserfahrung. Auf meiner letzten Stelle hatte ich zuletzt Verantwortung für zwei Mitarbeiter. Ich bin hier, weil ich dachte, hier ginge es weiter, die größte Baustelle Europas, das geht doch nicht ohne eine effiziente Struktur und motivierte Mitarbeiter. Und das stimmt auch, nur anders, als ich dachte. Eine Woche in meiner neuen Stelle habe ich keine Vorstellung davon, was meine Aufgaben sind. Was ich weiß, ist, dass es nicht das ist, was in den Bewerbungsgesprächen besprochen wurde.

Meinen Chef habe ich an dem Tag nicht mehr gesprochen. Er rief mir zwischendurch zu, wir müssten unseren Termin auf morgen verschieben und später stellte er mir einen Termin für Dienstagnachmittag ein.

Dienstag, der neunte Arbeitstag

Ich sitze mit Frau Moori zusammen, es ist ein frischer Arbeitstag, der Kaffee ist gekocht und ich bekomme gezeigt, wie der Monatsabschluss geht, und welche Aufgaben für das Zentrale Controlling mit dem Monatsabschluss verbunden sind. Der Monatsabschluss dauert einen ganzen Tag, wie Frau Moori erläutert. Was ich dann zu sehen bekomme, ist erschütternd: Der Monatsabschluss besteht darin, dass aus Exceldateien der Dezentralen Controller aus den einzelnen Bereichen die Erläuterungen in eine zentrale Exceldatei der Zentralcontroller übertragen werden. Ich muss das zukünftig für den Bereich Liegenschaften und für die Gesellschaft FEW machen. Die Erläuterungen bekomme ich von den dortigen Controllern per E-Mail zugeschickt, ich kopiere sie in eine andere Datei und schicke sie per E-Mail weiter. Bei der Gelegenheit telefoniere ich mit den beiden Kollegen, die die Erläuterungen erstellen und lasse mir die Situation in ihren Bereichen erklären.

Beide sind sehr zurückhaltend und Frau Moori erklärt das so: »Die Kollegen sind jeweils die Abteilungsleiter der dezentralen Controllingabteilungen. Die wollen sich schon grundsätzlich nicht mit uns Referenten auseinandersetzen. Außerdem dürfen sie uns natürlich nichts sagen, was sie nicht auch schon ihrem jeweiligen Bereichsleiter erläutert haben und idealerweise auch nicht, bevor ihr Bereichsleiter das mit seinem Geschäftsführer besprochen hat. Sonst steht da am Ende irgendwas in unserem Monatsbericht, die Geschäftsführung fragt dazu die Bereichsleiter und die wissen von nichts. Das ist dann nicht gut.«

»Also steht in unseren Monatsberichten nichts drin, was die Geschäftsführung nicht sowieso schon weiß?«

»Genau.«

Im Laufe der Zeit werde ich mich mit meinen beiden Ansprechpartnern in den Dezentralen Controllingabteilungen immer besser verstehen. Am Informationsfluss wird das nie etwas ändern.

Die Ergebnisse sehen in beiden Bereichen leidlich gut aus, im Bereich Liegenschaften gibt es eine Überschreitung der Werte gegenüber dem Plan und die FEW trifft die Planung ganz gut. Insgesamt ist das Ergebnis der FEW aber negativ und das ist nicht einleuchtend, weil das Unternehmen der Versorger (Gas, Wasser, Strom) des Flughafens ist und kein Versorger mit negativer Marge arbeitet. Das Ergebnis aus dem Bereich Liegenschaften ist zunächst so gar nicht einzuschätzen, solange die interne Verrechnung nicht enthalten ist, solange also die Miete der flughafeninternen Abteilungen an den Bereich Liegenschaften nicht enthalten ist. Dafür muss ich einen Blick ins Buchhaltungsprogramm (SAP) werfen. Mein Passwort ist noch nicht da, also besorge ich mir die Zugangsdaten, die wir für die Azubis vorhalten.

SAP hält in seinem Programm verschiedene Standardberichte vor. Wie durch einen Rückspiegel im Auto erlauben sie den Blick auf den Weg, den das Unternehmen in der Vergangenheit zurückgelegt hat. Auch beim Flughafen sind diese Rückspiegel da, aber sie sind abgeklebt, das bedeutet, die Standardberichte sind zur Nutzung gesperrt.

Ich spreche Herrn Tönjes darauf an. »Ja, wir haben uns von einem Berater eigene Berichte programmieren lassen, die sind besser. Die alten Berichte haben wir gesperrt um die Leute zu zwingen, die neuen Berichte zu nutzen.«

»Herr Tönjes, das ist doch kaum sinnvoll, SAP ist ein komplexes Programm, es dauert einige Zeit, sich darin zurechtzufinden und neue Mitarbeiter wie ich müssen bei Null anfangen, obwohl die Standardberichte vorhanden sind und genutzt werden könnten?«

»Ja, aber wir haben kaum neue Mitarbeiter und das war schon immer so. Wir können das auch nicht kurzfristig ändern, da ist der Betriebsrat dagegen.«

»Der Betriebsrat? Was hat denn der Betriebsrat damit zu tun?«

»Naja, das weiß ich jetzt auch nicht. Aber das war schon immer so.«

Hinzu kommt – aber das habe ich erst viel später verstanden –, dass das System SAP beim Flughafen nicht zentral betreut wird, sondern über Bereiche und Abteilungen hinweg einzelne Mitarbeiter bestimmte Module des SAP verwalten. Frau Moori zum Beispiel verwaltet auch ein kleines Modul. Und je komplizierter sie das macht, desto unentbehrlicher wird sie. So entstehen hochkomplexe und für Außenstehende kaum zu durchschauende Strukturen. Das ist nicht nur echtes Herrschaftswissen, es ist auch ein Weg, Kollegen und Vorgesetzte über die eigene Arbeitsbelastung zu täuschen. Letztere versuchen, mit SAP-Beratern den Wissensrückstand auszugleichen, aber die Berater leben von dem Urwald, und je mehr es dort wuchert, desto besser leben sie. Am Ende sind die Berater rund um das Jahr da und so etabliert, dass sich dafür auch niemand mehr großartig rechtfertigen muss.

Gegen Ende meiner Zeit beim Flughafen wird mir einer aus dem Beraterteam anvertrauen: »Wissen Sie, so etwas wie hier habe ich noch nicht gesehen, es ist vollkommen unstrukturiert. Es gibt viel zu viele Kostenstellen, viel zu viele Profitcenter, die interne Verrechnung ist bei Weitem zu komplex. Wir verwalten uns alle nur noch selbst.«

Das Beratungsbudget unserer Abteilung (hauptsächlich für SAP) ist gewaltig. Wer hier beraten darf, kann sorglos in die Zukunft blicken.

Erstmal kommt jetzt Torsten Baumgard herein, es ist Zeit für die wöchentliche Abteilungsrunde. Wir laufen im Besprechungsraum zusammen, Herr Baumgard hat Kaffee gekocht. Eine Agenda gibt es nicht. Der Chef moderiert im freien Vortrag, sein Urlaub, die Menge an Arbeit auf seinem Schreibtisch, vierhundert E-Mails. Anschließend dürfen wir erzählen, woran wir arbeiten.

Als die Reihe an mir ist, bittet mich Torsten Baumgard: »Kannst du noch erzählen, wo du herkommst, was du vorher gemacht hast und was sonst noch interessant sein könnte?«

Zu dem Zeitpunkt habe ich hier schon neun Mal acht Stunden abgehangen, ich habe mit den Kollegen mehr Zeit verbracht als mit vielen guten Freunden in einem Jahr. Ich lasse mir nichts anmerken und gebe eine knappe Zusammenfassung meines Lebenslaufes. Nach der Besprechung geht es in die Kantine.

Um vier Uhr habe ich meinen Termin mit meinem Chef, ich sitze in seinem Büro am runden Besprechungstisch. Er ist voll mit Unterlagen und Kaffeeflecken.

»Sollen wir uns duzen?«, bietet er an und ich willige erfreut ein, die Ansprache eines Menschen in der dritten Person finde ich ohnehin antiquiert.

»Wie geht es dir?«, eröffnet er das Gespräch.

»Mit geht es gut, danke.«

»Wie kommst du mit Frau Moori zurecht?«

»Gut, alles in Ordnung.« Das ist sicher nicht nach allen Seiten aufrichtig, aber was soll ich machen?

Mein Chef selbst hat anscheinend keine so hohe Meinung von Frau Moori, unverblümt räumt er ein: »Ich will dir ja sagen, ich komme mit ihr gar nicht klar und ich würde sie am liebsten loswerden. Aber ich weiß nicht, wie.«

Wenngleich ich die Einschätzung nachvollziehen kann, ist das doch eine recht offenherzige Ansage und ich sehe nicht, dass ich darauf einsteigen muss. Ich antworte ausweichend: »Sie kennt das Unternehmen gut und sie teilt ihr Wissen mit jemandem wie mir, der neu hinzukommt. Außerdem hat sie einen trockenen Humor.« Diese Antwort habe ich mir schon als Vorlage abgespeichert, ich werde ständig gefragt, wie es sei, mit Frau Moori ein Büro zu teilen.

Heute geht es zunächst um etwas anderes und ich komme lieber zügig zum Kernpunkt: »Torsten, können wir noch Mal darüber sprechen, was genau meine Aufgaben hier sind? Ich habe verstanden, dass ich in deiner Abteilung zuständig bin für die FEW und den Bereich Liegenschaften. Nun gibt es in beiden Bereichen schon Controller, für die FEW Frau Peter und bei Liegenschaften die Frau Meyer, richtig?«

»Ja, das ist richtig. Es ist so, dass unsere Aufgabe hier ist, die Dezentralen Controller zu unterstützen. Ich schlage vor, dass wir konkret mit beiden Termine vereinbaren, ich dich vorstelle und wir dann sehen, dass wir uns regelmäßig mit den Dezentralen treffen.«

»Unterstützung der Bereiche?«, frage ich nach.

»Ja«, entgegnet mein Chef, »dazu gehören auch zum Beispiel die Geschäftsführervorlagen aus dem Bereich.« Er steht auf und kramt auf seinem Schreibtisch. »Hier … eine GF-Vorlage aus dem Bereich Liegenschaften … von Frau Lässer … es geht … ähm … um die weitere Entwicklung des Baufelds Ost. Vielleicht kannst du da mal draufschauen. Wir müssen die freigeben.«

Torsten reicht mir einige Seiten Papier. Auf dem Deckblatt steht »GF-Vorlage« und weiter: »Weitere Entwicklung des Baufeld Ost«. Dahinter sind einige Seiten Papier geheftet.

»Das ist alles? Unterstützung der Bereiche?« Ich bin verunsichert.

»Ja, was da kommt, ist nicht wenig, warte es ab, die Abteilung ist überarbeitet.«

Ich muss an Frau Moori denken, wie sie mir meistens mit verschränkten Armen gegenübersitzt und die Märchentante gibt.

»Hast du sonst noch was?« Torsten schaut auf die Uhr. »Ich muss noch durch meine E-Mails sehen …«

»Ja, ich finde, wir sollten grundsätzlich über meine Aufgaben sprechen, ich habe nichts zu tun im Moment.«

»Das ist doch jetzt Unsinn, ich habe dir gerade die GF-Vorlage gegeben. Lies dir die durch und gib mir dann deine Empfehlung, wie ich entscheiden soll.«

»Ich empfehle und du entscheidest?«

»Richtig. Und ich muss jetzt durch meine E-Mails durchsehen.«

Verstehe, das Gespräch ist beendet.

»Bis wann muss die GF-Vorlage geklärt sein?«, frage ich noch.

»Die ist vom letzten Dienstag, wir sollten bis kommenden Dienstag eine Meinung dazu haben.«

Ich gehe zurück in mein Büro, werfe die Papiere in eine Schublade und fahre nach Hause.

Mittwoch, der zehnte Arbeitstag

Eine Geschäftsführervorlage oder Vorstandsvorlage oder auch Entscheidungsvorlage ist nicht mehr als ein schriftliches Memo an die Unternehmensleitung mit der Bitte oder dem Vorschlag, eine bestimmte Entscheidung zu fällen. Heute Morgen nun habe ich die Geschäftsführervorlage von gestern zur Hand genommen und leider bin ich daraus nicht besonders schlau geworden. Ich rufe also Frau Lässer an und stelle mich kurz vor. Sie wirkt aufgeschlossen. Sie erläutert mir den Hintergrund der Vorlage und schließlich habe ich eine Vorstellung davon, worum es geht. Die angehängte Wirtschaftlichkeitsrechnung ist aber falsch. Sie kennt sich damit nicht so aus und wir vereinbaren daher, die heute Nachmittag direkt an ihrem PC zu korrigieren.

Anschließend rufe ich noch Frau Meyer und Frau Peter an, um Termine zu vereinbaren. Frau Meyer ist reserviert und schlägt schließlich einen Termin am Freitag vor. Frau Peter hat keine Zeit und verspricht, sich wieder zu melden.

Es ist 10:10 Uhr, ich habe alle möglichen E-Mails »zur Info« von Torsten weitergeleitet bekommen, Auswertungen zu der Entwicklung der Fluggastzahlen, Organisationsanweisungen, Hinweise vom Betriebsrat und so weiter. Ich laufe rüber in sein Büro, wir begrüßen uns per Handschlag.

Ich teile die Ergebnisse des heutigen Vormittags mit ihm, er ist angetan und schaut in seinen PC: »Hast du mich zu dem Termin mit Frau Meyer mit eingeladen?«, will er wissen.

»Nein, willst du da mit?«

»Ja, die ersten Male schon, leite mir den Termin bitte weiter.« Mehr hat er erstmal nicht für mich, die anderen Dinge auf seinem Schreibtisch muss er selbst erledigen.

Ich hocke mich also wieder an meinen Arbeitsplatz. Es ist bewölkt heute, ein drückender Tag. Draußen fahren zwei Flughafenmitarbeiter auf ihren Aufsitzrasenmähern die Flughafenstraße hinunter. Es sieht aus, als würden sie sich ein Rennen liefern und dabei halten sie hinter sich den ganzen Verkehr auf. Ich nehme die Vorlage wieder zur Hand und überlege mir einige mögliche Verbesserungen für den Termin um drei Uhr heute Nachmittag. Pünktlich um 12:30 Uhr holt uns Herr Lackner zum Mittagessen ab.

Bei der Gelegenheit richtet er das Wort an mich: »Sie wissen ja, dass ich die Kommentardateien für die Monatsberichte weiterbearbeite und dabei ist mir aufgefallen, dass Sie das Eurozeichen verwenden. Wir aber schreiben hier immer ›EUR‹, das können Sie nicht wissen.«

»Doch, das weiß er, ich habe es ihm gesagt!« Frau Moori ist hinter ihrem PC aufgewacht.

Torsten betritt das Büro: »Gehen wir essen?« Wir gehen.

Der Nachmittag zieht sich, das Essen in der Kantine war schwer und fettig und mit reichlich »Grundsoße dunkel«. Draußen ist es noch immer drückend und schwül. Thema beim

Mittagessen waren Autos, und Frau Moori hat das Thema gleich mitgenommen.

»Mein Freund und ich haben uns damals für einen Skoda entschieden, ein sehr schönes Auto, ein Kombi.«

Ich schaue aus dem Fenster.

»Bei der Farbe haben wir uns für dunkelgrün entschieden, metallic. Weil, das ist nicht so empfindlich und sieht trotzdem gut aus. Also besser als schwarz. Oder … weiß. Oder silber, das fährt ja wirklich jeder!«

Ich schaue immer noch aus dem Fenster, weiter hinten fährt ein Follow-me-Fahrzeug über den Vorfeldbeton.

»Leider haben wir nur den kleinen Motor, aber damals dachten wir, das sei ausreichend.« Frau Moori macht eine kleine Pause und schaut auch aus dem Fenster. »Das ist auch ausreichend, aber etwas mehr Anzug braucht das Auto schon.«

Ja, dieser Skodamotor ist schon einer, zu klein und doch ausreichend. Ich fühle mich müde.

»Das Auto ist nicht so gewöhnlich wie der Golf, der fährt ja überall herum. Das wollten wir nicht. Der Skoda ist selten. Also, so selten jetzt auch nicht, aber schon etwas. Trotzdem gibt es noch genug davon, wegen Ersatzteile und so ist das wichtig.«

Es ist möglich, Menschen zu Tode zu reden, ich weiß das sicher.

»Komischerweise war es nicht so einfach, Schonbezüge für den Wagen zu bekommen. Wir wollten Lammfell haben, das ist im Winter sehr angenehm.«

Ich schaue noch immer aus dem Fenster.

»Hörst du mir überhaupt zu?«

Ich reagiere nicht.

»Hallo, hörst du mir zu?«

Ich tue aufgeschreckt: »Hm? Was?«

Frau Moori steigt wieder ein, »Ich erzähle gerade von unserem Auto, dem Skoda? Kombi? Naja, ich sach, wir sind sehr zufrieden, ein schönes Auto.«

Frau Moori schaut aus dem Fenster und ich überlege genervt, seit wann wir uns eigentlich duzen.

Vom Schreibtisch gegenüber redet es in meine Gedanken hinein: »Die Lammfell-Schonbezüge haben wir dann doch noch bekommen, und zwar bei einem Volkswagen-Händler bei uns um die Ecke am Adlergestell. Der ist sehr freundlich und wahrscheinlich werden wir da unser Auto wieder in die Inspektion bringen. Die letzten Jahre waren wir bei der Werkstatt in Schönefeld, aber jetzt sind die pleite. Schade, die waren billig.«

Ich krame meine Unterlagen zusammen, murmle, »Frau Moori, ich hab' einen Termin, wir sehen uns später«, und schließe die Bürotür hinter mir, bevor Frau Moori reagiert.

Es ist 13:30 Uhr, ich sitze im Auto und beschließe eine Fahrt nach Alt-Schönefeld auf der Suche nach einem Kaffee. Die Fahrt ist kurz und führt im Bogen über eine Brücke über die Eisenbahnschienen. Von hier oben kann ich gut erkennen, wie sehr das Örtchen auf den neuen Flughafen eingestellt ist. Riesige Flächen sind als Gewerbegebiete ausgewiesen und verkehrlich erschlossen, aber außer der Post, dem Holiday Inn und viel Unkraut hat sich noch niemand hier angesiedelt. Das Holiday Inn ist kühl und scheint verlassen, trotzdem bekomme ich meinen Kaffee und eine Zeitung.

Pünktlich um drei Uhr stehe ich bei Claudia Lässer im Büro. Es war gar nicht so einfach, hierher zu kommen, das Gebäude ist am anderen Ende des Flughafengeländes und nur zu Fuß zu erreichen. Zwei Sicherheitstüren können nur durch telefonische Anmeldung überwunden werden und bremsen den Besucher weiter aus, zwei Mal klingele ich mir einen wunden Finger, bevor jemand reagiert und mich herein lässt. Wenn das Sekretariat nicht besetzt ist, kann man versuchen, mit dem Handy im Gebäude jemanden zu erreichen oder einfach warten, bis irgendjemand herauskommt. So jedenfalls erläutern mir das meine Kollegen später. Frau Lässer ist dankbar für meine Hilfe mit der

Berechnung der finanziellen Auswirkungen ihrer GF-Vorlage, sie ist in meinem Alter.

Sie hat die Vorlage schon wieder weitgehend überarbeitet und erläutert dazu: »Weißt du, das Problem ist einfach, dass so viele in der Sache mitreden und jeder seine eigenen Vorstellungen hat. Das muss dann alles so eingearbeitet werden, dass nicht wieder irgendeiner unzufrieden ist, die Geschäftsführung nimmt nur Vorlagen an, mit denen alle Bereiche einverstanden sind.«

»Das kann ja nicht sein«, werfe ich ein. »Das liefe ja dann auf den kleinsten gemeinsamen Nenner hinaus.«

»Doch, so ist es aber. Glaube mir, ich bin seit zehn Jahren hier. Das ist gar nicht so einfach, ich schreibe schon den ganzen Tag an dieser Vorlage herum.«

Ich bin beeindruckt.

»Aber die Wirtschaftlichkeitsrechnung ist unverändert, sollen wir die durchgehen?«, schlägt sie vor.

Also gehen wir meine Anmerkungen durch. Nach einer Stunde sind wir damit fast fertig, als Claudias Chef das Büro betritt. Claudia stellt uns vor und erläutert, dass wir gerade durch die GF-Vorlage »Entwicklung Baufeld Ost« gehen.

»Ah, ja, Baufeld Ost, dazu habe ich gestern Abend noch mit Nummer 7 gesprochen, da fehlten ja nur noch die Zustimmungen von Zentralcontrolling und Buchhaltung und Nummer 7 hat gesagt, das geht in Ordnung. Also, das hat sich erledigt, das ist durch. Aber was anderes, Frau Lässer, können Sie mir eben die Unterlagen ›Selchow‹ heraussuchen? Super eilig, ich habe jetzt einen Termin beim Chef. Reichen Sie es einfach rein, ja?« Und weg war er.

Immerhin ist es jetzt schon fast vier Uhr, ich kann nach Hause fahren. Das hätte ich mal gleich nach dem Mittagessen tun sollen.

Donnerstag, der elfte Arbeitstag

Was ist schlimmer, keine Arbeit oder sinnlose Arbeit? Das erste ist anstrengend, das zweite ist deprimierend.

Ich erreiche den Flughafen kurz nach neun, die Kollegen sind alle schon da. Diejenigen von meinen Kollegen, die Tarifmitarbeiter sind und der Zeiterfassung unterliegen, kommen möglichst früh und gehen möglichst spät. Für die Überstunden gibt es Aufschläge und für jeweils acht Stunden gibt es einen Gleittag und die Kollegen sparen die Zeit für die Anfahrt und die Abfahrt zum Flughafen. Der Rest der Mitarbeiter kann kommen und gehen, wann er will, sofern die Arbeit gemacht ist. Soweit jedenfalls die für mich günstige Interpretation meines außertariflichen Arbeitsvertrages.

Ich betrete mein Büro. »Guten Morgen, Frau Moori!« Es folgt der feuchte Handschlag.

Ich fahre meinen PC hoch und gehe Hände waschen. Heute liegt nichts an, kein Termin und bisher auch keine E-Mail. Ich surfe erstmal die Seite der FAZ an, anschließend lese ich online DIE ZEIT.

Frau Moori lehnt sich weit zurück und verschränkt die Finger hinter dem Kopf: »Wie war es gestern im Bereich Liegenschaften?«, erkundigt sie sich.

»Gut, ich habe mit Frau Lässer die GF-Vorlage durchgesprochen.«

»Hast du die Meyer schon getroffen?«

»Nein, morgen haben Torsten und ich einen Termin mit ihr.«

»Da kann ich dich gleich warnen.« Frau Moori zieht die Stirn bedeutungsvoll hoch. »Weil die Frau Meyer ist eine falsche Schlange, eine ganz miese Person ist das. Aber ich will da nicht vorgreifen. Du wirst schon selbst sehen!«

Ich muss irgendwas tun, ich werde sonst irre. Ich google »Fortbildung« und komme nach einigen Links auf die Homepage der Fernuni Hagen.

»Willst du gar nicht wissen, wie ich bei der Meyer zu der Einschätzung komme?« Frau Moori lässt nicht locker.

»Nein, ich finde deinen Vorschlag sehr vernünftig, dass ich mir selbst ein Bild mache.«

Frau Moori ist zufrieden, »Ja, das ist er.«

Sie wendet sich wieder ihrem PC zu und ich informiere mich über die Uni Hagen.

Nach zwei Minuten setzt Frau Moori wieder an: »Eins noch, wegen der Meyer, ja? Also, ich will dir eins sagen, du kannst nur auf ihrer Seite sein oder auf meiner, nur, damit das klar ist.«

Ich kann so nicht arbeiten. Frau Moori sitzt auf ihrem Bürostuhl weit zurückgelehnt, die Arme verschränkt.

»Ist das klar?«, hakt sie nach.

Ich weiche aus. »Ich habe es gehört.« Sie ist zufrieden.

»Weil«, Frau Moori verschränkt die Finger hinter dem Kopf, »das war damals so, dass … «

»Du, ich muss eben zu Torsten rüber«, unterbreche ich sie und laufe in das angrenzende Büro. Torsten sitzt an seinem PC, er steht auf und begrüßt mich mit Handschlag.

Wir sprechen über die GF-Vorlage. Torsten weiß auch nichts von einer Entscheidung durch seinen Chef, Nummer 7. Für mich jedenfalls ist die Sache erledigt. Ich gebe Torsten die Unterlagen zurück. Er schaut kurz darauf, locht den Kram, greift sich zielgerichtet einen schon sehr schwangeren Ordner und heftet die neuen Seiten dazu. Dann wendet er sich mir zu und es folgt etwas Smalltalk. Nach etwa einer Stunde verlasse ich das Büro ohne Aufgaben zum Flur hin und beschließe einen Spaziergang über das Gelände. Es ist später Vormittag, es ist angenehm und noch nicht so heiß.

Ich denke über Nummer 7 nach. Er ist Bereichsleiter und Chef von Torsten. Er ist Diplom-Mathematiker und über eine große Beratungsgesellschaft zum Flughafen gekommen. Und seitdem kommen viele Aufträge vom Flughafen an die Beratungsgesellschaft zurück. Mein Bewerbungsgespräch bei ihm war, wie bei den Beratern üblich, eine Fallstudie. Das läuft dann so ab, dass der Bewerber mit Informationen zugeschüttet wird, Wichtiges von Unwichtigem trennen muss, um anschließend eine Entscheidung zu fällen. Alles keine Atomphysik, besonders, wenn sich ein Absolvent der Wirtschaftswissenschaften mit einem in wirtschaftlichen Themen nur leicht bewaffneten Mathematiker unterhält. Die Berater der großen Gesellschaften sind sicher mehrheitlich keine Dummköpfe, aber sie sind in der Regel jung und weit über jedes gerechtfertigtes Maß hinaus selbstbewusst. Ich bin sicher, dass ich in meinem Unternehmen als obersten kaufmännischen Leiter keinen Biologen einstellen würde. Auch keinen Logopäden. Und eben auch keinen Mathematiker, egal, ob er von irgendeiner Beratung kommt oder direkt vom Imperator höchstpersönlich. Nummer 7 werde ich erst bei seinem Abschied wieder sehen.

Der Chef von Claudia Lässer kommt mir entgegen: »Na, unterwegs zum Termin?«

»Nein, ich gehe spazieren!« Er lacht.

Ich muss das nächste Mal einige Unterlagen mitnehmen, das ist in meiner Situation wichtig.

Freitag, der zwölfte Arbeitstag

Es ist 9:10, ich betrete das Büro, Austausch von Grußformeln, Händedruck feucht, PC hochfahren, Hände waschen.

Die Reinigungskraft kommt, ich laufe zu Torsten ins Büro. Es gibt nichts Neues und auch keine Information, was bei der GF-Vorlage beschlossen wurde.

Zurück in meinem Büro, immer noch »Situation rot« bei Frau Moori, schlechte Laune auf hohem Niveau. Frau Meyer ist anscheinend ihre Erzfeindin, der Termin mit ihr ist heute um 14 Uhr. Frau Moori sabbelt halb zu mir, halb vor sich hin über das Schlechte im Leben und in Frau Meyer. Ich bemühe mich, nicht hinzuhören. Mit dem Fernstudium komme ich nicht weiter, nichts hat mich so richtig angesprochen. Vielleicht sollte ich eine Doktorarbeit schreiben? Andererseits sehe ich darin keinen wirklichen Mehrwert. In meinem Jahrgang ist der Doktor oft so etwas wie der Geländewagen unter den Titeln, ein kleiner Egobooster, dabei oft sinnlos und meistens schlecht verarbeitet. Die Deutschen lieben den Titel, aber der Rest der Welt belächelt uns dafür. Außer – natürlich – Österreich. Ich suche weiter, aber ich kann nicht abstreiten, dass mir sehr langweilig ist.

Auf Arbeit für das Nichtstun bezahlt zu werden, ist eine Situation, die sicher für viele einem Ideal nahe kommt. Dahinter steckt die Idee, dass tun kann, was will, wer nichts hat, was er tun muss. Und diese Vorstellung ist falsch, weil in einer Büroumgebung diese Freiheit nicht gegeben ist. Der nicht ausgelastete Mitarbeiter kann nicht anfangen, im Büro seine Modelleisenbahnanlage aufzubauen oder Ölgemälde zu pinseln. Wer keinen Ärger mit seinem Chef haben will, sollte möglichst acht Stunden am Tag beschäftigt aussehen. Das schränkt den Raum der Möglichkeiten gewaltig ein.

Ich schaue hoch zu der Wanduhr über der Tür. Sie scheint stehen geblieben zu sein, es kann doch nicht erst halb zehn sein. Ich gleiche das mit meiner Armbanduhr ab: Doch, es stimmt, es fehlt noch eine halbe Stunde bis zehn Uhr. Aber anscheinend gibt es Probleme mit dem Sekundenzeiger! Er kommt nicht vom Fleck! Ich beobachte ihn. Er springt eine Einteilung weiter und steht dann da wie angewurzelt und zeigt genau auf die Nummer vier. Es vergeht viel Zeit, viel zu viel Zeit. Müsste er nicht längst die nächste Einteilung genommen haben? Da, endlich! Der Sekundenzeiger ruckt vor, zittert kurz und zeigt nun auf den unteren Bereich der vier. Wie lange soll das denn dauern, bis wir die fünf erreichen, in dem Tempo? Der Zeiger ruckt weiter, zittert wieder und bleibt stehen. Das sind mindestens anderthalb Sekunden. Hat das Universum Probleme, die bleischwere Zeit durch die Gegenwart hindurchzuziehen?

Ich schaue von der Uhr wieder auf, aber außer mir scheint niemand die Zeitlupe zu bemerken. Vom Schreibtisch gegenüber kommt das Hintergrundmurmeln, irgendwelcher Text, dumpf und monoton, wie in einer fremden Sprache und durch schwere Vorhänge gesprochen.

Ich stecke mein Portemonnaie ein und schaue bei Karl im Büro vorbei. Er sitzt tatsächlich alleine, das Büro ist etwas dunkel, vor seinem Fenster stehen hohe Bäume.

»Hey Karl! Ich will eben einen Kaffee aus der Kantine holen, kommst du mit?«

Karl lächelt. »Klar! Danke, dass du an mich gedacht hast.«

Karl schließt hinter uns sein Büro ab, dann schlägt er vor: »Lass uns doch ins Terminal laufen, da ist nicht so viel los, der Kaffee ist besser und wir bekommen etwas frische Luft?«

Da bin ich dabei. »Steckt ihr auch im Monatsabschluss im Moment?«, eröffne ich das Gespräch, während wir unsere Schritte den Gang entlang Richtung Norden lenken.

»Also ich nicht so, ich erstelle ein Mal jährlich die Nebenkostenabrechnung für die Mieter, für den Jahresabschluss. Mit den Monatsabschlüssen habe ich nicht so viel zu tun.«

»Wieso werden denn die Nebenkostenabrechnungen bei euch erstellt, die Mieter sind doch im Bereich Liegenschaften oder nicht?«

»Das ist witzig, dass du das sagst. Früher habe ich auch so gedacht, zumal ich ja auch gar keinen richtigen Einblick in die Mietverträge habe. Ich erstelle das also irgendwie und dann kommt aus dem Bereich Liegenschaften ein ganzer Stapel zurück mit Anmerkungen, was sich alles geändert hat, welche Mieter längst ausgezogen sind und so. Total ineffektiv.«

»Was meinst du damit, früher hättest du auch so gedacht?«

Wir sind am Ende des Ganges angekommen, Karl stemmt die schwere Tür zum Parkplatz auf und wir treten ins Leben hinaus.

»Ich habe irgendwann vorgeschlagen, das anzupassen. Aber das war nicht gut, meine Chefin hat mich dann gefragt, ob ich meine Arbeit nicht machen wolle. Und ob ich denke, dass es an mir sei, Aufgaben aus ihrer Abteilung in einen anderen Bereich zu verschieben.«

Karl schweigt und schaut vor sich hin. Schließlich fährt er fort, er wirkt etwas traurig: »Weißt du, das hier ist nur 'n Job.«

Wir schweigen beide eine Weile, bevor er fortfährt.

»Lass uns über etwas anderes reden: Was machst du, wenn du nicht hier bist?«

Vor dem Terminal steht ein Segafredo-Kaffee-Kiosk. Da gibt es nicht nur sehr guten Kaffee, sondern auch Muffins und Sitzplätze in der Sonne. Ein sehr guter Ort für die Frühstückspause.

Später an diesem Tag, um kurz vor zwei, machen Torsten und ich uns auf den Weg zur Frau Meyer. Frau Meyer sitzt im selben Bürogebäude wie Claudia Lässer, das ist vom Hauptgebäude etwa zehn Minuten zu Fuß. Wir verlieren noch einige Minuten an den Gegensprechanlagen der beiden Sicherheitsschleusen, bevor schließlich jeweils der Summer geht, die Verwaltung der Liegenschaften ist gesichert wie ein Geheimbund. Frau Meyer begrüßt Torsten herzlich und mich etwas reserviert. Ich darf wieder vortragen, wer ich bin und woher ich komme, anschließend äußert Torsten, wie sehr er erleichtert ist, mit mir die Unterstützung gefunden zu haben, die seine Abteilung so dringend braucht. Frau Meyer steigt ein und klagt minutenlang über ihre Arbeitsbelastung, wir hören geduldig zu. Anschließend gibt es etwas loses Geplänkel zwischen Frau Meyer und Torsten über dieses Projekt oder jenes Vorhaben. Ich streue einige Fragen ein, habe aber keine Ahnung, worum es geht und wann ein neues Thema beginnt. Bald ist eine Stunde um und Torsten und ich befinden uns auf dem Rückweg ins Hauptgebäude. In meinen Augen ist die Situation gegenüber vor zwei Stunden unverändert. Außer natürlich, dass ich nun einige wirre Notizen bei mir habe.

Torsten aber ist zufrieden: »Solche Gespräche müssen wir einfach regelmäßig mit den Bereichen führen, um auskunftsfähig zu sein und konkret die Transparenz der Ergebnisse sicherzustellen.«

Ich stimme ihm zu und setze nach: »Torsten, was mir noch nicht richtig klar ist, die Frau Meyer macht den Monatsabschluss und alle anfallenden Controllingaufgaben aus dem Bereich. Was ist dann meine Aufgabe, soll ich ihre Arbeit kontrollieren, die Zahlen überprüfen?«

»Nein, aber du musst wissen, was dahintersteckt, was sie meint mit dem, was sie schreibt.«

»Wenn es darum geht, auskunftsfähig zu sein, um Fragen beantworten zu können, dann ist die Frau Meyer das doch schon. Wer immer etwas wissen will, fragt einfach Frau Meyer.«

Das will Torsten so nicht gelten lassen. »Das stimmt zwar, aber Frau Meyer arbeitet für den Bereich und ist damit nicht unabhängig.«

»Einverstanden, aber ist es dann nicht besser, ich erstelle den Monatsabschluss und kümmere mich um die Controllingaufgaben? Dann ist er unabhängig und ich bin auskunftsfähig und wir haben keine Doppelarbeit.«

»Ja, so war es ja mal«, erläutert Torsten, »aber es ist geändert worden. Und jetzt ist es eben so.«

Torsten wirkt etwas genervt, er wechselt das Thema. Er hat zwei Kinder und seine Frau arbeitet nicht.

Zurück in meinem Büro lasse ich mich in meinen Stuhl fallen. Frau Moori hat die übliche Haltung eingenommen, weit zurückgelehnt, die Finger hinter dem Kopf verschränkt.

Es dauert nicht lange bis zu ihrem ersten Kommentar: »Und? Habt ihr wichtige Strategiegespräche mit Frau Meyer geführt, während ich hier die Arbeit gemacht habe?«

Ich packe wortlos meine Sachen zusammen und fahre nach Hause.

Die dritte Woche

Montag, der 13. Arbeitstag – »The Door Incident«

Es ist kurz vor neun, ich habe das Gelände des Flughafens erreicht, das Auto geparkt und den Motor abgestellt. Es nützt nichts, der nächste Schritt ist der Gang ins Büro. Acht Stunden erweitertes Schlafen, bevor gegen fünf mein echtes Leben beginnt. Leider bin ich dann vermutlich wieder müde und gereizt vom Nichtstun. Ich betrete mein Büro, Frau Moori ist schon da, feuchter Händedruck und launige Bemerkung, sie scheint heute gut drauf zu sein. Ich fahre den PC hoch und gehe Hände waschen. Zurück auf meinem Bürohocker habe ich mich kaum hingesetzt, da kommt Torsten ins Zimmer und wünscht uns einen guten Morgen. Er läuft hinüber zu Frau Moori, es folgt der Handschlag. Torsten lässt sich nichts anmerken, aber ich kann die Feuchtigkeit schmatzen hören. Jetzt bin ich dran und ja, Torstens Hand ist noch feucht. Toll, da kann ich gleich wieder Hände waschen gehen.

Mein Chef geht in sein Büro zurück: »Ich lasse unsere neue Tür gleich mal offen, ja?«

Frau Moori ist damit nicht einverstanden, sie läuft hinterher und steht nun in der Tür zu Torstens Büro: »Das ist ja nicht dein Ernst, oder? Wir wollen doch hier nicht die Tür dauernd offen stehen lassen!«

»Das hatten wir doch besprochen! Verbesserung der Kommunikation in der Abteilung, erinnerst du dich?«

»Ja, klar, Verbesserung, super. Aber so will ich das nicht, weil, ich will dir nicht beim Tippen deiner E-Mails zuhören! Ich mache die Tür zu.«

Torsten hält dagegen: »Nein, lass die Tür offen.«

Frau Moori kümmert sich nicht um die Aufforderung und zieht die Tür zu. Ich bin mehr als gespannt und … es passiert nichts. Frau Moori setzt sich wieder an ihren Schreibtisch, sie hat einen hochroten Kopf aber dafür dieses Gefecht klar für sich entschieden. Damit dürfte geklärt sein, wer nach Punkten Chef der Abteilung ist. Ich bin gar nicht überrascht, als Frau Moori nach wenigen Minuten von ihrem PC abrückt und die Arme auf dem Bauch verschränkt. Ich bin erfahren genug und weiß, in wenigen Sekunden geht das Wort an mich.

»Du willst doch die Tür auch nicht dauerhaft offen haben, oder etwa doch?«

Es ist halb zehn und den Tag kann ich an den Nagel hängen.

Dienstag, der 14. Arbeitstag – Das Rauschen

Der Dienstag verläuft wie der Montag und der Mittwoch wird verlaufen wie der Dienstag und diese Woche wird sein wie die letzte war und die nächste sein wird. Im Kleinen werden die Dinge anders sein. Die Stelle, an der mir auf dem Weg zur Arbeit morgens der weiße Golf mit der schwarzen Motorhaube begegnet, das Essen in der Kantine, die Gespräche mit den Kollegen. Im Großen werden die Dinge auch anders sein, das Leben außerhalb des Flughafens zieht weiter, wie die Jahreszeiten eben auch. Und dennoch, in der so wichtigen Größe dazwischen wird mein Leben für die nächsten 18 Monate sein wie ein schlechter Traum, ein vollkommen weißer Raum, zu großen Teilen vollkommene Monotonie, Langeweile und Gleichförmigkeit. Ein Leben wie weißes Rauschen im Bewegtbild, es ist da, es ist nicht richtig, es ist monoton. Es bewegt sich und doch ist es vollkommen sinnlos. Zunächst ist das nicht weiter verdrießlich, es rauscht und es flimmert. Die Zweifel kommen zuerst. Was soll das sein? Was ist daraus zu machen? Was soll daraus zu machen sein? Aber das Rauschen farblos. Und das Flimmern schwarz und weiß. Es dauert an und es ist nicht abzuschalten. Für acht Stunden am Tag. Es rauscht. Jeden Tag. Es flimmert. Jede Woche. Monotonie und Langeweile, jeden Tag und jede Woche und jeden Monat. Es rauscht und es flimmert. Und es tötet. Die Begeisterung stirbt als erste, und an dieser

Stelle, in der dritten Woche meiner Arbeit beim Flughafen, starb meine Begeisterung. Die Neugier hält sich etwas länger, aber eingelullt in das Rauschen wird auch sie nicht überleben. Das Interesse ist nicht so weit von der Neugier entfernt und wird bald folgen. Mit einigem Abstand und schließlich zuletzt stirbt der Mitarbeiter und mit ihm stirbt, was noch an Motivation und Antrieb es bis hierher geschafft hat. Das ist die innere Kündigung, der Mitarbeiter versinkt im Rauschen und wird selbst zu weißem Rauschen. Die letzte Stufe werde ich nach etwa sechs Monaten erreicht haben, um Weihnachten herum.

Am Dienstag findet wieder unsere interne Controllingrunde statt. Torsten hat Kaffee gekocht. Wir sitzen zusammen, eine Agenda gibt es nicht und ein Protokoll auch nicht. Torsten erzählt, anschließend sind wir der Reihe nach dran. Herr Lackner hat einen validen Punkt und fragt, wie wir mit der Planung dieses Jahr umgehen wollen. An der Stelle setzt die Querbeet-Diskussion ein. Jeder ruft herein, unterhält sich mit seinem Sitznachbarn über einen Teilaspekt, während der Beitrag eines Kollegen noch nicht beendet ist. Es gibt keinen für mich erkennbaren roten Faden. Am Donnerstag setzen wir uns wieder zusammen und wiederholen die Besprechung, weil niemand mehr weiß, was besprochen und beschlossen wurde. Eine Agenda gibt es auch für das Wiederholungsmeeting nicht und ein Protokoll auch nicht.

Am Freitagvormittag bekomme ich eine Terminanfrage von Karl, im Betreff steht »Feinabstimmung interne Verrechnung« und zum Treffpunkt steht da »Am üblichen Ort«. Also finde ich mich zur angegebenen Zeit im Segafredo vor dem Terminal ein. Karl sitzt schon da und hat für mich einen Kaffee mitbestellt. Außerdem hat er Hans mitgebracht, ein Kollege vom Flughafen und ein alter Schulfreund von ihm.

Privat suche ich eine Form der Weiterbildung, die ich möglichst online machen kann. Und natürlich noch immer nach einer Wohnung. Obwohl ich schon gar nicht mehr weiß, was ich eigentlich hier will. Die möblierte Zwischenlösung jedenfalls müssen wir Ende Juli räumen, sie ist nicht mehr verfügbar. Ein mieser Job und kein Zuhause, ein echter Tiefpunkt.

Die vierte Woche, Arbeitstag 18 bis 22

Es ist immer noch Hochsommer und sehr heiß. In unserem Büro lesen Frau Moori und ich regelmäßig die Temperatur von meiner Digitaluhr mit Thermometer ab. Wir sind nicht die Einzigen, die beim Flughafen diesen Sommer vermessen, der Betriebsrat ist auch an dem Thema dran und das wird Folgen haben.

Tag der Woche, Dienstag 19. Arbeitstag –
Schließung Tempelhof
Die Abteilung sitzt zur wöchentlichen Controllingrunde zusammen. Unser Chef hat den Kaffee gekocht. Er erzählt als erstes, was letzte Woche gewesen ist, wen er getroffen und mit wem er gesprochen hat. Für mich und meine Zeit beim Flughafen hat das keine Relevanz und so bin ich bemüht, mich so zu setzen, dass ich diskret aus dem Fenster schauen kann. Wenn es gut läuft kann ich beobachten, wie im alten Terminal in Schönefeld die Flugzeuge abgefertigt werden. Als die Runde an uns ist, berichtet Frau Fuchsmaier. Sie sitzt ein Büro weiter und geht in wenigen Wochen in Rente.

»David Hill hat mich angesprochen, er braucht unsere Hilfe für eine Auswertung im Zusammenhang mit dem Flughafen Tempelhof, ich kann das zwar machen, aber ich bin nun ja nicht mehr lange da und vielleicht sollte lieber sonst jemand …?«

Nun, das klang doch interessant und dennoch fing ich mir den Auftrag ohne eigenes Zutun.

Nach der Besprechung und dem anschließenden Mittagessen der Abteilung in der Kantine gehe ich zur Frau Fuchsmaier: »In der Sache von Herrn Hill, haben Sie schon Unterlagen oder Informationen bekommen, die Sie mir weitergeben können?«

»Nein, das ist alles noch bei Herrn Hill, bitte fragen Sie den.«

»Das mache ich.«

An meinem Computer suche ich im Adressbuch nach dem Büro von Herrn David Hill.

»Na, da hast du dir ja direkt Arbeit eingefangen, kann das sein?«, Frau Moori ist wach.

»Richtig. Weißt du, wo das Büro von Herrn Hill ist?«

»Ja, zwei Etagen über uns, ich stelle dich da vor, aber erst lass mich meinen Kaffee austrinken.«

Ich habe die Büronummer im Adressbuch gefunden, tatsächlich zwei Etagen über uns. Ich laufe los und lerne Herrn David Hill kennen. Wir unterhalten uns eine gute Stunde, er war beim Flughafen Tempelhof und hat schon viel bei der Flughafengesellschaft erlebt. An seiner Tür steht die Funktionsbeschreibung »Liquidator«. Das ist noch besser als »Controlling« und sogar besser als »Revision«, finde ich. Nun braucht er also Hilfe bei einer Auswertung. Hintergrund ist, dass die Flughafengesellschaft, die ja zu einem guten Teil der Stadt Berlin gehört, von der Stadt Berlin verklagt wurde, weil die Anlage in Tempelhof und insbesondere die Gebäude in schlechtem Zustand sind und nicht ausreichend gewartet wurden. Das ist so etwas wie ein Streit zwischen der rechten und der linken Hand und reichlich schizophren, aber das ist nicht mein Problem. Aus dem Gerichtsverfahren ist an die Flughafengesellschaft der Auftrag ergangen, die Kosten für Wartung und Instandhaltung genauer darzustellen. Also muss für jede einzelne Position in den fraglichen Jahren, der Beleg aus der Buchhaltung ausgedruckt werden, das sind etwa fünftausend Belege, zwei Tage Arbeit. Ich werde mir dafür von der Personalabteilung einen Auszubildenden zuteilen lassen, er wird die Arbeit sehr gewissenhaft erledigen. Die Arbeit wird dann einige Wochen bei David Hill liegen bevor er feststellt, dass aus den Belegen eine Information gestrichen werden sollte, auf jeder Seite der fünftausend Ausdrucke muss eine Zeile gestrichen werden. Also nehme ich die Ordner wieder mit in mein Büro und fange an, auf jeder Seite die Information mit Tippex-Band abzudecken. Drei Rollen Tippex-Band und ein Arbeitstag gehen dafür drauf. Dann kopiere ich die beiden Ordner, um die Unterlagen gerichtsfest zu machen, damit also das Tippex nicht wieder heruntergekratzt werden kann. Insgesamt eine ganz meditative Beschäftigung, und ich habe ohnehin nichts Wichtigeres zu tun. Viel mehr wird in der Sache während meiner Zeit beim Flughafen nicht passieren. Ich werde regelmäßig bei David Hill nachfragen, wie der Stand ist, wir werden uns bei einem Kaffee zusammensetzen, er wird ergiebig erzählen. Einzelne Schriftstücke werden mit Hintergrundinformationen zu Vorgängen aufgebaut und verleihen dem Thema Gewicht und Relevanz und ich werde lernen, sowohl Gewicht als auch Relevanz in eigenen Wortbeiträgen in den Internen Controllingrunden weiter zu geben. Dadurch wirke ich immer sinnvoll beschäftigt, Torsten ist glücklich und lässt mich mit Arbeitsbeschaffungsmaßnahmen zufrieden. Das Ganze geht so weit, dass schließlich »Schließung Tempelhof« als einer meiner Aufgabenschwerpunkte in meiner Funktionsbeschreibung steht und im Intranet veröffentlicht wird. Dabei habe ich am Ende in 18 Monaten drei Tage daran gearbeitet. Und an zweien davon nur den Azubi motiviert.

Das ist falsch und ich weiß es. Mich stört, dass ich so wenig zu tun habe, und gleichzeitig versuche ich zu verhindern, dass ich von meinem Chef weitere Arbeit bekomme. Warum ist das so? Ich kann es nicht sagen, ich weiß es nicht. Es ist unerheblich, wie aufrichtig ich in mir herumgehe, ich habe auf die Frage keine Antwort.

August 2010 – Der zweite Monat

Die fünfte Woche, Arbeitstag 23 bis 27

Die Temperaturen sind etwas milder geworden und privat haben wir die zweite möblierte Wohnung bezogen. Sie ist sehr geräumig und hell, aber die Einrichtung ist uralt. Wir laufen zu keinem Zeitpunkt ohne Schuhe auf der Auslegware herum. Es ist mir nicht begreiflich, warum es in Deutschland keine vernünftigen möblierten Wohnungen zur kurzfristigen Miete gibt.

Beruflich ist das keine so furchtbar stressige Woche. Die Planung wurde »losgetreten« und das sieht so aus, dass Herr Lackner für das Zentrale Controlling eine E-Mail an alle Dezentralen Controller herumschickt, in der auf acht Seiten eng beschriebenem Fließtext erläutert wird, wie die Planung vorzunehmen ist. Für uns ist dann zunächst Sendepause bis spät in den September. Niemand meldet sich, niemand fragt nach, wir melden uns auch nicht und wir fragen auch nicht nach. Das war schon immer so. Den Fließtext habe ich mal angelesen, aber das ist schwere Kost, und am Ende ist es ja auch egal.

Bei einer unserer inzwischen etablierten Kaffeerunden im Segafredo spreche ich Karl darauf an: »Hast du eigentlich die E-Mail zur Planung durchgelesen?«

»E-Mail zur Planung? Da weiß ich nichts von.«

»Bist du gar nicht im Verteiler?«

»Das kann sein, aber ich habe auch nichts mit der Planung zu tun.«

»Wieso, die Nebenkostenabrechnungen müssen doch auch geplant werden, oder nicht?«

Karl überlegt kurz bevor er antwortet: »Ja, klar, aber ich mache ja nur die internen Nebenkostenabrechnungen und die werden nicht geplant.«

Er hält kurz inne und überlegt dann laut vor sich hin: »Oder? Ich weiß es gar nicht richtig. Ich glaube, die internen werden nicht geplant und die externen …«

Karl stiert über seinen Kaffee hinweg vor sich auf den Tisch. Schließlich sieht er mich traurig an: »Ich weiß es nicht.« Und mehr zu sich selbst schließt er an: »Und ich bin auch noch nie darauf gekommen, mich das zu fragen.«

Als sich später im Hauptgebäude unsere Wege trennen, sagt er noch: »Weißt du, ich war in der Uni echt gut, ich habe einen guten Abschluss gemacht.«

Tag der Woche, Donnerstag 26. Arbeitstag

Ab heute und für die nächsten drei Wochen sitze ich alleine im Büro, meine Arbeitskollegin Frau Moori ist im Urlaub. Das ist eine große Erleichterung für mich, denn auch wenn ich mir nichts anmerken lasse, die ständigen Lästereien über Frau Meyer und die großspurigen Erzählungen gehen mir mächtig auf die Nerven. Ab heute also habe ich das Büro für mich. Auch wenn es danach nicht aussieht: Frau Moori hat ihre halb volle Kaffeetasse zurückgelassen ebenso wie mehrere aufgeschlagene Ordner mit Unterlagen. Vorgreifend kann ich berichten, Kaffee setzt auch in drei Wochen keinen Schimmel an.

Im Laufe dieses schönen Donnerstags schlendere ich hinüber in den zentralen Druckerraum und hole für meine Mitschriften (soweit sie anfallen) ein Paket weißes Papier. Auf dem Rückweg kommt mir Herr Tönjes entgegen.

Er deutet auf das Papier: »Wo haben Sie das denn her?«

»Aus dem Druckerraum.«

»Sie wissen, dass das nicht geht?«

Ich halte ihm das Papier hin: »Und doch habe ich es getan.«

»Ja, ich meine ja auch nicht, dass das nicht geht, sondern … Das Papier gehört der IT-Abteilung und die stellen uns die Ausdrucke und Kopien über den Zähler des Druckers in Rechnung. Wenn Sie das Papier so entnehmen, wird es nicht richtig abgerechnet. Und das geht nicht.«

»Ich verstehe. Also sollte ich besser das nächste Mal einfach 500 Blatt leeres Papier ausdrucken? Dann hat alles seine Ordnung?«

»Ja, dann hat alles seine Ordnung.«

Herr Tönjes ist zufrieden und ich auch. Ich weiß bis heute nicht, wer da wen auf den Arm genommen hat. Das Problem ist auch nie wieder hochgekommen, denn 500 Blatt sind schon eher viel. Und so viele Mitschriften sind es bei mir schließlich nicht geworden.

Die sechste Woche – Das betriebliche Vorschlagswesen

Frau Moori ist im Urlaub, also bleibt mir der morgendliche feuchte Händedruck erspart. Ich bekomme in dieser Zeit auch mehr Besuch von Kollegen. Karl oder Hans schauen regelmäßig auf einen Kaffee bei mir vorbei und auch Frau Fuchsmaier aus dem Nebenbüro kommt auf ein Schwätzchen herüber. Sie ist nur noch wenige Wochen beim Flughafen, bevor sie in Rente geht. Sie hat nichts mehr zu verlieren und ist sehr offen mit ihrer Meinung. Sie sagt frei heraus, dass es schon seit einigen Jahren in der Abteilung nichts mehr zu tun gebe. Mit der Einrichtung der Dezentralen Controller sei das damals gekommen. Sie habe es ja nun bald geschafft.

»Warum lässt Torsten Sie dann nicht in Rente gehen?«, wundere ich mich.

Dazu hat Frau Fuchsmaier auch keine Idee. »Vielleicht sieht das einfach nicht gut aus?«, spekuliert sie.

Abgesehen davon, dass ich mir nicht den ganzen Tag endlose Monologe von meiner Arbeitskollegin anhören muss, sind die Tage in dieser Woche nicht großartig anders als die Tage in den anderen Wochen auch. Wenn ich im Büro bin, lasse ich die Tür zum Flur offen stehen, hin und wieder läuft draußen jemand entlang. Und ich denke mir, sofern ich irgendwann medizinische Probleme habe, verhindert die offene Tür, dass ich hier verwese, bevor der Geruch schließlich auf meine Notlage aufmerksam macht. Weiter hinten auf dem Flur im Bereich Marketing gibt es auch die eine oder andere offene Tür, ansonsten aber ist das beim Flughafen nicht üblich. Die meisten Kollegen laufen draußen vorbei und schauen interessiert herein, in der Regel grußlos.

Am Freitag war zum zweiten Mal das monatlich stattfindende Gespräch mit Frau Meyer. Torsten war wieder mit dabei und im Wesentlichen lief es ab wie beim ersten Mal auch, eine Querbeet-Diskussion über alle möglichen Themen, keine Agenda, aber einige wirre Notizen auf meiner Seite. Insgesamt werde ich zu diesen Gesprächen mit Frau Meyer 17 Mal zusammenkommen, um das letzte, das 18. Gespräch kann ich mich drücken. Außer in seinem Urlaub wird Torsten jedes Mal dabei sein. In den ersten Monaten werde ich Schwierigkeiten haben, Themen freizukämpfen, zu denen ich auch etwas sagen kann. Ab etwa Weihnachten sind mir die Vorgänge um dieses Gespräch zunehmend gleichgültiger. Hauptsache, die Treffen finden statt, das steht nämlich irgendwann in meiner Zielerreichung und ist für meinen Bonus wichtig. Ja, ganz recht, es gibt einen »Bonus« für die »Zielerreichung«.

Von der schwierigen Situation in der Hauptverwaltung des Flughafens profitiert der Segafredo vor dem Terminal. Karl hat sich meine Frage zu Herzen genommen und im Detail nachgeforscht, wie die Prozesse bei den Nebenkosten ablaufen. Er erläutert Hans und mir, was er in mühevoller Kleinarbeit herausgefunden hat. Ich bin gehörig beeindruckt, wie kompliziert das abläuft und wie viele Mitarbeiter beteiligt sind.

Als Karl fertig ist, frage ich ihn: »Und was machst du jetzt damit?«

Er schaltet nicht gleich: »Wie meinst du, was ich damit mache?«

»Naja, das ist doch eine gute Basis für Verbesserungen, was du da herausgefunden hast.«

»Ja, nichts mache ich damit, was soll ich damit machen? Soll ich damit meiner Chefin kommen, die hat doch gar keinen Nerv darauf. Das bleibt alles so, wie es ist.«

Hans schaltet sich ein: »Ja, daran habe ich auch keine Zweifel.«

Ich verstehe das nicht: »Wieso habt ihr keine Zweifel?«

Hans sieht mich an: »Schaltest du deinen PC aus, wenn du nach Hause gehst?«

»Ich weiß nicht, was das jetzt damit zu tun hat, aber nein, ich mache nur den Monitor aus«, gebe ich zu. Es dauert mir einfach zu lange, bis alles hochgefahren ist. Außerdem habe ich so gleich eine plausible Arbeitsumgebung mit vielen offenen Fenstern und so.

Hans nickt Karl fragend zu, der schüttelt den Kopf: »Nein, ich schalte da nichts aus, das Herunterfahren dauert ewig und das Hochfahren am nächsten Morgen auch.«

»Bei mir genauso«, beendet Hans unsere Umfrage und fährt fort: »Ich schätze, dass das 80% der Mitarbeiter so machen, die meisten PCs laufen am Flughafen nachts und am Wochenende. Und da gab es vor kurzem einen motivierten Mitarbeiter, der hat im betrieblichen Vorschlagswesen die Idee eingebracht, die PCs nach einiger Zeit der Inaktivität automatisch in den ›Hybernate-Modus‹ zu versetzen, dann brauchen die Geräte nicht mehr 80 Watt, sondern nur noch drei. Und bei der geringsten Bewegung der Maus sind sie sofort wieder voll da. Der Mitarbeiter war der Ansicht, das würde viel Geld sparen.«

»Und was ist daraus geworden?« Ich bin neugierig auf den Ausgang der Geschichte.

»Die EDV-Abteilung hat dazu eine Stellungnahme geschrieben, in der steht, das sei technisch nicht umzusetzen. Aber das ist gelogen, denn jeder von uns kann diese Funktion im Startmenü manuell aufrufen, es funktioniert tadellos. Die meisten wissen es nur nicht und machen es daher auch nicht.«

»Das ist schade«, sage ich. »Ich finde die Idee sehr gut.«

Karl gibt mir Recht: »Ja, ich auch.«

Hans lächelt müde: »Danke Jungs, das ist tröstlich!«

Tag der Woche, Mittwoch 30. Arbeitstag –
Die Große Controllingrunde

Ich bin bereits kurz vor neun im Büro und das geht heute auch gar nicht anders, denn ein Mal im Monat ist die Große Controlling Runde von neun bis zwölf Uhr im großen Besprechungsraum bei uns auf dem Flur. Torsten kocht Kaffee und muss deswegen schon deutlich früher auflaufen. Außerdem, und das finde ich beachtlich, gibt es für diese Besprechungen eine kleine Agenda und ein Protokoll. Auf der Agenda stehen selten mehr als drei Punkte und einer davon ist immer »Sonstiges«. Geladen sind alle Dezentralen Controller, und Ziel der Veranstaltung ist die Abstimmung über alle übergreifenden Themen zwischen Zentralem und Dezentralem Controlling. Das Zentrale Controlling nimmt an der Veranstaltung geschlossen teil, die dezentralen Controller schicken jeweils einen Mitarbeiter oder auch nicht. Dann war eben ein anderer Termin wichtiger oder es war nur grundsätzlich gerade keine Zeit, sich mit dem Zentralen Controlling abzustimmen. Die Veranstaltung empfinde ich als sehr langweilig und auf mittelmäßigem Niveau ineffektiv. Zur Einleitung stellt mich Torsten vor und bittet mich dann um eine kurze Selbstdarstellung. Das langweilt mich inzwischen so sehr, dass ich mir selbst nicht mehr zuhöre.

Karl nimmt regelmäßig für den technischen Bereich an den Großen Controllingrunden teil. Von ihm weiß ich auch, dass seine Chefin keinen Hehl aus ihrer Geringschätzung für die Veranstaltung macht und einfach oft keine Lust hat, daran teilzunehmen. Immerhin hat sie noch den Anstand, ihn als Vertreter zu schicken. Karl eröffnet mir irgendwann seine neue Idee, in der Veranstaltung Bullshit Bingo zu spielen. Dabei schreiben wir beide jeder vorab fünf Worte auf, die in der Besprechung fallen müssen und dann ausgestrichen werden dürfen. Wer als erstes seine fünf Worte ausgestrichen hat, hat gewonnen. Irgendwann wurde das langweilig und dann habe ich Karl ein Bier versprochen, wenn er in einer Wortmeldung der großen Controllingrunden das Wort »Menstruationsbeschwerden« unterbringen kann. Nach der Planung hat er sich zu Wort gemeldet: »Nach dieser Planung will ich hier eine Kollegin zitieren. Sie war von dem ganzen Hin und Her in den letzten Wochen genervt und hat gesagt, die Planungen jedes Jahr seien nervig, schmerzhaft und unvermeidbar wie Menstruationsbeschwerden.«

Unfassbar.

Die siebte Woche, Arbeitstag 33 bis 37

Meine siebte Woche beim Flughafen ist auch keine, die sich großartig unterscheidet von irgendwelchen anderen Wochen bis hierher. Morgens setze ich mir einen Kaffee auf und wandere kurz durch die Büros der Kollegen. Bei meinem Chef frage ich schon gar nicht mehr groß nach Arbeit. Ich habe auch gar keine Lust mehr auf irgendwelche dümmlichen Arbeitsbeschaffungsmaßnahmen und eigentlich will ich nur meine Ruhe haben und möglichst früh nach Hause fahren. Sollte ich doch irgendwelche Arbeiten bekommen, dann sind die entweder stupide, sinnlos oder beides. Also stehe ich nur kurz bei ihm im Büro, wir unterhalten uns etwas über dies und das, dann ziehe ich weiter und er wendet sich wieder den Dingen zu, die nur er selbst erledigen kann.

Am Dienstag ist wieder unsere interne Controllingrunde. Torsten hat für uns alle Kaffee gekocht und während er uns einschenkt, eröffnet er die Besprechung mit Neuigkeiten aus dem Betrieb und erzählt, wen er die letzten Tage gesprochen oder gesehen hat. Er wertet es positiv, wenn anschließend wir auch erzählen, was es jeweils Neues gibt. Die meisten Kollegen winken sich einfach nur durch und klemmen noch den Hinweis an, es gäbe bei ihnen nichts Neues. Ich bin in der Probezeit und bemühe mich, zumindest einige möglichst allgemeine Sätze zur Runde beizutragen. Abhängig von meinem Sitzplatz im Besprechungsraum kann ich manchmal durch die offene Tür hinaussehen auf den Schreibtisch des Auszubildenden. Vielleicht ist dann gerade von denen einer an der Reihe, Zeit im Zentralen Controlling zu verbringen. Dann kann ich eine Stunde lang beobachten, wie da apathisch die Maus hin und her bewegt wird, ohne dass sich auf dem Monitor irgendetwas tut. Das erinnert mich an die regelmäßigen Atemzüge der Bären im Winterschlaf: Beide teilen den Wunsch, die finstere Zeit möglichst unbeschadet zu überleben.

Tag der Woche, Donnerstag 36. Arbeitstag –
Die verlorene Eskalation

Nach zwei Monaten reicht es. Ich habe Torsten mehrfach gesagt, dass ich nicht ausgelastet bin, weder qualitativ noch quantitativ. Es ist nichts weiter passiert, also beschließe ich an diesem Donnerstag, das Problem zu Nummer 7 zu tragen. Als ich bei ihm im Vorraum stehe, ist die Sekretärin zunächst verwundert, aber sie lässt mich vor, Nummer 7 hat zufällig Zeit. Und Nummer 7 freut sich, mich zu sehen.

Ich bekomme einen Stuhl und Kaffe angeboten und dann eröffnet mein Bereichsleiter das Gespräch: »Und, wie gefällt es Ihnen bei uns? Sie sind jetzt was … zwei Wochen dabei?«

»Ja, es gefällt mir gut. Ich habe mich gut eingefunden und ich komme mit den Kollegen gut zurecht. Ich bin jetzt zwei Monate dabei.« Ich trinke einen Schluck Kaffe und fahre fort: »Es gibt allerdings eine Sache, die besser laufen könnte und ich verbinde mit diesem Gespräch die Hoffnung, dass sich da etwas machen lässt.«

Mein Bereichsleiter nickt interessiert.

»Und zwar ist es so, dass ich noch Potential habe, weitere Aufgaben zu übernehmen und das auch gerne tun würde.«

Nummer 7 schaut kritisch. Es entsteht eine kurze Pause, bevor er fragt: »Was wollen Sie damit sagen? Sie sind nicht ausgelastet? Ich höre von Ihrem Chef immer, die Abteilung laufe am Limit und jetzt kommen Sie und sagen, sie hätten nichts zu tun? Haben Sie mit Ihrem Chef darüber gesprochen?«

»Ja, das habe ich.«

»Das kann ich nicht nachvollziehen.« Es entsteht eine längere Pause bevor er fortfährt: »Ich denke wir sollten Ihren Chef zu diesem Gespräch dazu bitten.«

Nummer 7 steht auf und öffnet seine Bürotür: »Frau … ähm …, können Sie bitte Torsten Baumgard zu mir schicken, ja? Jetzt gleich!«

Meine Proteste verhallen ungehört, stattdessen fährt er fort: »Wissen Sie, ich höre ja auch von Ihren Kollegen immer, wie viel die alle zu tun haben …«

»Es geht ja jetzt nicht um meine Kollegen und deren Auslastung, sondern es geht darum, dass ich kein eigenes Aufgabengebiet habe. Meine einzige Aufgabe ist die Betreuung zweier Bereiche, die selbst aber vollständige Controllingabteilungen haben und sich auch nicht in die Karten schauen lassen wollen.«

»Naja, da müssen Sie eben mit Geschick vorgehen und versuchen, die Transparenz der Vorgänge in den Bereichen auch aus unserer Sicht sicherzustellen. Das Problem haben doch alle Ihre Kollegen auch und Sie wollen doch jetzt nicht sagen, dass die ganze Abteilung keine sinnvolle Aufgabe hat, oder?«

Es klopft an der Tür und Torsten betritt das Büro.

Nummer 7 begrüßt ihn freundlich: »Hallo Torsten, komm rein, setzt dich! Seid Ihr gestern noch gut nach Hause gekommen?«

»Ja klar, ohne Probleme. Was gibt es denn hier?«

»Tja, dein Mitarbeiter sagt mir, dass er mehr Aufgaben übernehmen kann, weißt du davon?«

Torsten sieht mich an und ich erkenne seine Verärgerung. Er fängt sich aber schnell: »Ja, ich weiß davon. Es geht hier insgesamt nicht so schnell, wie wir uns das alle wünschen. Die Lernkurve ist steil und der Übertrag neuer Aufgaben und Verantwortlichkeiten geht langsamer als wir erwartet hatten. Ich bin aber zuversichtlich, dass wir das noch hinbekommen.«

Ich schalte mich ein: »Torsten, wir haben doch nun schon mehrfach gesprochen und es ist ja noch nicht einmal klar, welche Aufgaben ich übernehmen soll.«

»Ja, das stimmt, aber solange eben immer wieder auch grundsätzliche Fehler bei deinen Aufgaben passieren ...«

»Zum Beispiel?«

»Naja, die Sache mit dem T€ statt TEUR im Monatsbericht.«

»Das ist doch eine Lappalie!«

»Natürlich, aber da siehst du, auf welchem Niveau du Fehler machst!«

Nummer 7 schaltet sich ein: »Also! Klärt das bitte. Torsten: Sorg bitte dafür, dass deine Mitarbeiter ausgelastet sind. Du weißt, ich kämpfe gerade für einen weiteren Mitarbeiter für deine Abteilung. Und auch jenseits davon möchte ich nicht, dass der Eindruck entsteht, meine Abteilungen seien nicht effizient organisiert. Ich bin sicher, du löst das Problem.«

Und damit ist mein Vorstoß beendet. Der Rest ist schnell erzählt, zwei Wochen später bittet mich Torsten zu sich ins Büro und teilt mir mit, dass die Zusammenarbeit nicht funktioniert und dass er das Arbeitsverhältnis mit sofortiger Wirkung auflöst. Gründe müsste er in der Probezeit nicht nennen und er habe sich entschlossen, das auch nicht zu tun. Herr Tönjes wird mir an die Seite gestellt, während ich meine Sachen zusammenpacke und dann kann ich nach Hause fahren.

Es ist in solchen Strukturen gar nicht die Frage, ob Mitarbeiter ausgelastet sind oder sogar zufrieden. Der vorherrschende Punkt ist, dass der Abteilungsleiter auf seiner privaten Grillparty erzählen kann, dass er acht Mitarbeiter hat und nicht nur sieben oder sechs. Außerdem hat er einen Mitarbeiter mehr als der Abteilungsleiter von E127, die Lusche. Kosten spielen in solchen internen Abteilungen überhaupt keine Rolle, denn welche Ergebnisse sollten dagegen gemessen werden? Das ist eben einfach Verwaltung, was soll's.

Natürlich können solche Gespräche mit dem Chef vom Chef auch funktionieren. Aber der Untertan ist schlechter bewaffnet und hat viel zu verlieren. Ich halte das Vorgehen für keine weise Entscheidung und würde im Zweifel davon abraten.

Und deswegen hat es dieses Gespräch auch nie gegeben.

Die achte Woche, Arbeitstag 38 bis 42

Wir haben endlich eine eigene Wohnung gefunden und können aus der muffigen alten möblierten Wohnung ausziehen, die bis hierher unsere Zwischenlösung war. Das ist eine große Erleichterung und wir werden die nächsten Tage darauf zielen, die Möbel aufzubauen und die Wohnung einzurichten. Wir werden am Ende die schönste Wohnung haben, die wir bis hierher je hatten. Gleichzeitig habe ich zu dem Zeitpunkt schon mehr Gewissheit als Gefühl, dass ich mit dem Wechsel zum Flughafen einen schweren Fehler begangen habe.

Frau Moori ist noch im Urlaub, ich habe das Büro für mich. Ich hatte mich inzwischen auch entschlossen, welche Fortbildung ich anfangen möchte, das konkrete Programm ist recht umfangreich, aber Zeit ist bei mir kein limitierender Faktor. Allerdings habe ich ein schlechtes Gewissen, meine Arbeitskraft – und wenn sie auch nicht abgerufen wird – nicht für meinen Arbeitgeber vorzuhalten. Daher habe ich den Plan schließlich aufgegeben.

In der achten Woche wurde eine Mitarbeiterumfrage angekündigt. Das Management wolle wissen, wie die Stimmung im Unternehmen sei. Unsere Stimme habe Gewicht, heißt es da, und wir sollten doch mitmachen. Der Fragebogen kann einige Wochen später über das Intranet ausgefüllt werden. Die Ergebnisse gibt es Monate später, als zumindest ich mich kaum noch an die Umfrage erinnere, und sie sind durch alle Kategorien sehr schlecht. Interne Kommunikation und Mitarbeiterführung waren besonders niederschmetternd.

Die Unternehmensführung reagiert darauf mit der Gründung von zehn Arbeitsgruppen, die zu bestimmten Themen Vorschläge erarbeiten sollen. Die Gruppen werden jeweils hochrangig von Bereichsleitern geleitet und treffen sich regelmäßig im großen Kreis. Jeder ist angehalten, sich einzubringen. Ich mache das mit dem Vorschlag, dass zur Verbesserung der Kommunikation für einen befristeten Zeitraum ausgewählte Mitarbeiter mit ähnlichen Qualifikationen ihre Aufgaben oder zumindest ihre Arbeitsplätze tauschen sollen. Der Vorschlag findet keine Unterstützung.

Die Arbeitsgruppen haben ihre Ergebnisse irgendwann vorgestellt, glaube ich, und eine Konsequenz war der regelmäßige »Runde Tisch« mit einem Geschäftsführer und ausgelosten Mitarbeitern. Mehr Konsequenzen hat die Umfrage nicht.

Zufriedene Mitarbeiter identifizieren sich mit ihrem Unternehmen und arbeiten effizienter. Effizienz ist ein wichtiger Teilaspekt für die Profitabilität. Und Profitabilität freut die Eigentümer. Der Flughafen gehört 80 Millionen Deutschen. Ein Gewinn von 80 Millionen Euro im Jahr ebenso wie ein Verlust von 80 Millionen Euro im Jahr bedeuten ein Euro pro Person pro Jahr. Das mag ein Indiz sein für die Relevanz der Profitabilität für die Eigentümer.

Tag der Woche, Freitag 42. Arbeitstag – Das Elendsquartier

Am Vormittag unterbricht Torsten meinen Arbeitstag. Er betritt mein Büro und druckst herum, bevor er schließlich mit der Sprache herausrückt. Er bräuchte eben eine Hand beim Aufräumen von Frau Mooris altem Büro. Richtig, das Thema hatte ich ganz vergessen. Ich begleite Torsten und kann mir gar nicht vorstellen, wie eine Mitarbeiterin es nicht hinbekommt, im Verlauf von fünf Wochen (ohne Urlaub) ein Büro auszuräumen. Torsten erzählt derweil genervt, dass er Frau Moori noch ausdrücklich aufgefordert habe, vor ihrem Urlaub ihr altes Zimmer zu räumen. Nun habe er von der Raumvermittlung erfahren, dass in der Sache nichts passiert sei. Wir betreten Frau Mooris altes Büro und ich weiche unwillkürlich eine Schritt zurück. Kalter Rauch schlägt uns entgegen, es riecht muffig. Torsten betritt den Raum und gibt mir den Blick frei auf ein Bild der Verwüstung, ein Elendsquartier. Auf jeder Ablagefläche liegen Ordner und Papiere herum, selbst auf dem Boden. Dazwischen Kartons, tote Büropflanzen, weitere Altpapierberge, ein randvoller silberner Altpapiercontainer. Halboffene Schubladen und allerlei verstreuter Bürobedarf runden das Bild ab, alles überzogen mit einer feinen Nikotinschicht. Auf dem Schreibtisch stehen zwei dreckige Kaffeetassen zwischen vielen halbrunden Kaffeeflecken. Ein überquellender Aschenbecher wird von bedenklich hohen Altpapiergletschern bedroht, der Besprechungstisch biegt sich unter dem Gewicht von Büchern, Ordnern und Papieren. Torsten kann es offensichtlich auch nicht fassen, er läuft apathisch herum und blättert wahllos mit dem Daumen Papierberge auf oder schaut auf die Beschriftung irgendwelcher Ordner. Schließlich sieht er zu mir herüber: »Danke, ich kümmere mich um das hier.« Ich bin ehrlich erleichtert und ich schätze, er wird das Büro komplett mit einer Magnesiumflamme ausgebrannt und anschließend neu aufgebaut haben. Ich bin nie wieder in dem Raum gewesen, er ist an eine Kollegin aus einem anderen Bereich gegangen, die nie gegrüßt hat. Es ist nicht so, dass mir nicht aufgefallen wäre, dass auch der neue Schreibtisch von Frau Moori mir gegenüber im Zeitraffer vermüllt. Meine Kollegin ist für drei Wochen im Urlaub, und dennoch ist auf ihrer Seite alles mit einer dicken Schicht Papier und vielen Ordnern bedeckt. Ich habe mir aber nie Gedanken gemacht, wohin dieser Trend führt, wenn er Monate und Jahre anhält.

Vor zwanzig Jahren hat sie beim Flughafen angefangen, damals war sie in meinem Alter. Sie hat neben der Arbeit ihr Abitur nachgeholt und sich berufsqualifizierend fortgebildet. Sie hat es bis zur Abteilungsleiterin gebracht. Ich stelle mir vor, wie sie Spaß hatte an der Arbeit, Freude hatte an den Herausforderungen und am beruflichen Aufstieg. Jetzt sitzt sie hier und kopiert die Erläuterungen zum Monatsabschluss von einer Tabelle in eine andere und ersetzt dabei T€ durch TEUR.

September 2010 – Der dritte Monat

Die neunte Woche, Arbeitstag 43 bis 47

Frau Moori ist am Montag noch nicht da, als ich das Büro betrete. Vielleicht fällt ihr der Übergang zurück ins Arbeitsleben nicht leicht nach drei Wochen Urlaub. Der Stand in ihrer Kaffeetasse ist durch Verdunstung um fast zwei Zentimeter gesunken und hat entlang des Wegs einen schwarzen Rand an der Tasse hinterlassen. Die Flüssigkeit sieht aus wie Öl aus der Exxon Valdez. Ich bin fasziniert und grüble vor mich hin. Schließlich schlägt Frau Moori auf, sie ist bester Stimmung, kommt auf mich zu und »klatsch«, der feuchte Handschlag, den ich so gern vergessen hatte. Die nächsten Tage wird Frau Moori über die vielen hundert E-Mails klagen, die sie zu bearbeiten habe, das übliche Spielchen und das so durchschaubare und fadenscheinige Deckmäntelchen vor der eigenen Bedeutungslosigkeit.

Tag der Woche, Dienstag 44. Arbeitstag

Torsten stimmt uns an diesem Dienstag gleich morgens auf das wichtige Thema der heutigen kleinen Controllingrunde ein. Es geht um die Planung, richtig, das hatte ich ja schon wieder fast vergessen, aber außer uns im Zentralcontrolling kennt das gesamte Unternehmen ja die letzten Wochen kein anderes Thema mehr. Wir setzen uns zusammen. Trotz der Relevanz des Themas gibt es keine Agenda und niemand schreibt ein Protokoll. Torsten hat Kaffee gekocht und eröffnet die Besprechung, während er uns einschenkt.

»Sollten wir diese Besprechung nicht besser protokollieren?«, werfe ich ein.

Irritierte Gesichter bei den Kollegen, ich muss mich rechtfertigen.

»Naja«, wende ich ein, »schließlich haben wir ja sogar schon eine unserer Runden wiederholt, weil wir nicht mehr wussten, was wir besprochen hatten.«

Torsten schenkt weiter Kaffee ein, die anderen Kollegen sehen mich genervt an.

Schließlich greift Torsten den Vorschlag auf und meint: »Ach, ich glaube Protokoll und Agenda können wir uns schenken, wir wissen ja, was wir besprechen wollen und das kostet ansonsten nur Zeit.«

Also besprechen wir die nächsten Schritte in der Planung. Ich bekomme nicht viel mehr mit als die Aussage von Torsten sinngemäß: »Gehet hin und massiert die Luft raus«. Den Begriff »Luft ausmassieren« muss ich mir merken. Gemeint ist damit, dass wir die Budgets verringern sollen dort, wo sie zu hoch sind. Woher wissen wir, wo sie zu hoch sind? Das ist einfach, wir wissen es nicht.

Es ist klar, dass dieser Tanker auch im nächsten Jahr wieder Diesel brauchen wird, für die Maschinen, für die Generatoren, für die Anlagen insgesamt. Und ein Anhaltspunkt ist der Verbrauch der letzten zwölf Monate. Aber darüber hinaus wird es schwierig, weil zum Beispiel nicht klar ist, welche zusätzlichen Anlagen von der Baustelle im kommenden Jahr fertiggestellt, übernommen und betrieben werden und welcher Bereich dann den Diesel dafür vorhalten muss. Welche Stromzähler werden nächstes Jahr übernommen, wird darüber Baustrom abgerechnet oder Strom für technische Anlagen oder Strom für Nebenkosten? Das wird niemand entscheiden, denn die Entscheidung ist im Zweifel falsch und nur bestenfalls richtig.

Massage hin oder her, die nächsten Wochen wird das Unternehmen durch die Planung taumeln, ohne Führung durch das

Zentrale Controlling und ohne vernünftige Vorgaben, ohne Strategie. Aber auch Strategie hin oder her, ich habe nach der Besprechung keine Vorstellung davon, was selbst operativ passieren soll, was genau ich in den nächsten Tagen tun soll und wie die Planung ablaufen wird. Das Ergebnis der ganzen Planerei wird jedenfalls schließlich sein, dass nach vielen Besprechungen und Diskussionen am Ende alle Bereiche zufrieden sind mit den Zielen, die sie sich selbst gegeben haben und die im kommenden Jahr zu übertreffen ihnen nicht schwerfallen wird. Bis da ist es aber noch eine Weile hin und zwischen uns und diesem Zeitpunkt liegt noch viel »Kuddelmuddel«.

Die zehnte Woche, Arbeitstag 48 bis 52

Ich habe in dieser Woche zwei Termine in den beiden Bereichen die ich betreue, genauer mit den beiden Controllern, die die Bereiche betreuen, dic ich betreue. Ziel ist »Luft ausmassieren«, im Klartext ist zu überprüfen, wie viel Geld die Bereiche im kommenden Jahr haben wollen, um dann festzulegen, wie viel Geld die Bereiche zur Verfügung gestellt bekommen. Das erste Gespräch findet statt mit dem Bereich Liegenschaften, der Frau Meyer. Ich habe mich angemeldet, Frau Meyer ist bereit und ganz Ohr. Zunächst muss ich mir aber anhören, wie schlecht die Planung läuft und – vor allem – wie wenig Vorgaben und Struktur durch meine Abteilung vorgegeben werden. Sie erwarte vom Zentralen Controlling mehr Informationen zum Ablauf der Planung und so. Ich erkundige mich, ob sie konkrete Fragen habe und Frau Meyer wird allgemein. Ich kann ihre Klage dennoch gut nachvollziehen, ich habe auch keine Vorstellung davon, wie die Planung ablaufen soll.

Frau Meyer erläutert die Probleme die sie damit hat, die Zuarbeiten der Teilcontroller aus ihrem Bereich zusammenzufassen. Ich bin etwas verunsichert, was ist das mit den Teilcontrollern?

Naja, für den Bereich Liegenschaften könne sie ja nicht alles alleine planen, die Mieterlöse zum Beispiel würde eine Kollegin planen, die Kosten für die Objekte eine andere, die Nebenkostenabrechnung käme irgendwo aus dem technischen Bereich und die Umlagen für die übergeordneten Verwaltungskosten würden von Herrn Tönjes aus meiner Abteilung eingestellt. Detaillierten Einblick in diese Teilbereiche hat Frau Meyer nicht, sie fasst die Werte nur zusammen.

Wie könne denn bei der Aufteilung am Ende ein passendes Gesamtergebnis herauskommen, wenn Erlöse und Aufwand von unterschiedlichen Personen geplant würden?

Das sei bisher immer hingekommen, sagt Frau Meyer. Eigentlich sei sie auch gar keine Controllerin, sie habe früher im Rechtsbereich gearbeitet.

Ich bin irritiert, die Dezentralen Controller aus den Bereichen, für die ich der Zentralcontroller bin, haben jeweils für bestimmte Teilbereiche eigene Controller und keine genaue Vorstellung davon, was die planen und warum. Es stellt sich heraus, dass das in beiden Bereichen so ist, für die ich der Zentralcontroller bin. Ich werde im Verlauf der Woche mit einigen der Kollegen in den Teilbereichen sprechen. Zum guten Teil haben die Kollegen keine genaue Vorstellung davon, wofür die Zahlen sind, die sie da zusammenstellen. Einige handeln pragmatisch und schicken seit jeher jedes Jahr dieselben Zahlen, andere betreiben enormen Aufwand, um weit über jedes sinnvolle Maß hinaus Zahlenberge zu generieren und formlos in gigantischen Tabellen an ihren Dezentralen Controller zu verschicken.

Das System ist eine Katastrophe, wir könnten besser Zahlen würfeln, das wäre ähnlich ungenau, aber deutlich einfacher. Ich spreche mit meinem Chef darüber. Er ist wenig interessiert, das habe bisher immer geklappt und Optimierungspotential gebe es überall. Jetzt sei erstmal wichtig, dass die Zahlen zusammenkommen.

Da stehe ich nun also mit der Wasserpistole vor meinen beiden brennenden Tannenbäumen. Ich setze mich wieder an meinen Schreibtisch und schaue aus dem Fenster. Draußen rollt eine EasyJet zum Start. Der Markt für Billigflieger, die Attraktivität der Stadt Berlin für Touristen und die alten und vollkommen abgeschriebenen Flughafenanlagen führen dazu, das die Flughafengesellschaft in der Vergangenheit jedes Jahr Millionengewinne eingefahren hat. Wen interessiert da, ob hin und wieder ein Baum abbrennt, effiziente Prozesse sind gar nicht das Ziel, Hauptsache, der Tanker fährt irgendwie. Und wenn da irgendwo ein Baum brennt, lass ihn doch!

Tag der Woche, Mittwoch 50. Arbeitstag –
Der Kaffee-Vollautomat

Ich habe einen Termin mit einem Kollegen aus der Rechtsabteilung. Er ist zum vereinbarten Zeitpunkt nicht da. Ich betrete die Küche der Rechtsabteilung, da steht ein Kaffee-Vollautomat und ich ziehe mir einen vollautomatischen Kaffee.

Eine ältere Dame betritt die Küche und mustert mich: »Darf ich fragen, wer Sie sind?«

Bedenkt man, dass ich hier nur leicht versetzt eine Etage über meinem Büro bin, dann ist es schon beängstigend, wie wenig Kollegen ich inzwischen kenne. Den geschlossenen Türen sei dank.

Ich stelle mich vor. »Wissen Sie«, klärt mich die Kollegin auf, »das ist nämlich unsere private Kaffeemaschine hier.«

»Natürlich«, ich krame Kleingeld aus der Tasche, »haben Sie eine Kaffeekasse?«

Die Kollegin wirkt etwas überrascht: »Nein, der Kaffee wird von der Abteilung bezahlt.«

»Ich verstehe, Sie haben für die Maschine zusammengelegt.«

»Hm, naja, also für diese spezielle Maschine, die ist vom Flughafen bezahlt worden.«

Es folgt eine etwas angespannte Stille, ich weiß nicht weiter und sie fühlt sich in die Enge gedrängt. »Aber es ist trotzdem unsere Maschine. Sie gehören nicht zu unserer Abteilung. Also bitte nutzen Sie unsere Kaffeemaschine nicht.« Und mit den Worten geht die ältere Dame und ich habe eine neue Kollegin kennengelernt.

Die elfte Woche, Arbeitstag 53 bis 57

Die elfte Woche beim Flughafen verläuft wie eigentlich jede andere Woche auch. Die meiste Zeit langweile ich mich durch den Arbeitstag und höre mir endlose Monologe meiner Bürokollegin an. Es ist erstaunlich, in welchen wirren Verknotungen Gehirnwindungen festsitzen können. Und wie bei allen Knoten gilt, je länger sie belastet werden, desto fester sitzen sie. Bemerkenswert ist auch, dass die Geschichten aus ihrem Privatleben abgenommen haben zugunsten von allgemeinen Lästereien über das Unternehmen, unseren Chef oder irgendwelche anderen Arbeitskollegen.

Zu besonderer Hochform läuft Frau Moori auf, wenn der Name »Meyer« fällt, ihre Hauptfeindin. Manchmal streue ich den Namen einfach so ein, zu meiner Unterhaltung. Je nachdem, wie weit ich es damit treibe und vielleicht noch erwähne, wie kompetent, freundlich oder umgänglich ich Frau Meyer finde, kann Frau Moori sehr in Rage geraten. Ich tue dann immer tiefbetroffen, aber im Grunde ist das lächerlich.

Die Planung läuft irgendwie und meine beiden Bereiche brennen noch immer friedlich vor sich hin. Ich bilde mir ein, an der einen oder anderen Stelle einen Ast etwas abgelöscht zu haben, indem ich die eine oder andere Kleinigkeit geklärt habe. Aber machen wir uns nichts vor, für das Gesamtbild macht das keinen Unterschied und die verkokelten Ergebnisse sind auch kaum Grund zur Freude. Aber es ist letztlich, wofür ich hier bezahlt werde, und es schenkt mir etwas Beschäftigung und Zeit außerhalb der Monologe. Am Freitag darf ich Torsten wieder zu seinem Gespräch mit Frau Meyer begleiten.

Tag der Woche, Mittwoch 55. Arbeitstag – Nummer 7 geht

Das ist der Tag der Verabschiedung von Nummer 7, dem Chef meines Chefs. Er ist das Bindeglied zwischen uns und Nummer 1. Er wird das Unternehmen verlassen, um bei einer Supermarktkette die nächste Hierarchiestufe zu erklimmen. Es wird sehr lange dauern, einen Nachfolger zu finden. Für mich hat das keine weiteren Konsequenzen, ich habe ihn praktisch nicht gesehen und hatte auch sonst nichts mit ihm zu tun. Ohnehin habe ich nicht viel zu tun und also konsequenterweise auch nicht viel mit ihm. Vor seiner Kündigung hat Nummer 7 aber Torstens Wehklagen erhört, sich erbarmt und eben noch einen neuen Mitarbeiter für das Zentrale Controlling eingestellt, weil wir so viel zu tun haben. Der neue Mitarbeiter wird eine prima Ergänzung für die Runden mit Karl und Hans, aber das weiß ich heute noch nicht. Heute weiß ich nur, dass die Geschäftsführung zur Verabschiedung ihres geschätzten und langjährigen (insgesamt vier Jahre) Bereichsleiters alle Mitarbeiter seiner Abteilungen sowie seine Kollegen Bereichsleiter und andere hohe Persönlichkeiten aus dem Unternehmen und aus dem Unternehmensumfeld zu einer Abschiedsfeier in eine hippe Bar im angesagten Berliner Kiez eingeladen hat. Ein rauschendes Fest, Livemusik, freie Getränke und ein großes Buffet. Ein für mich besonderer Moment trat ein, als das Buffet eröffnet wurde. Zu dem Zeitpunkt stand ich prominent und für alle gut sichtbar mit meinem Teller beladen mit Beutegut vom Buffet und biss soeben herzhaft in eine Bulette. Das war etwas unangenehm, aber gute Erziehung hat ohnehin mehr Väter als Söhne. Ich erinnere mich auch an die vielen Berater auf der Feier, die meisten davon ins Haus geholt aus der großen Beratungsfirma, in der auch Nummer 7 früher tätig war. Das war so auffällig, dass sogar Nummer 1 in seiner Ansprache eine Bemerkung in der Richtung anbrachte.

Die zwölfte Woche, Arbeitstag 58 bis 62

Ich habe keine Vorstellung davon, in welchem Zustand der Bau des neuen Flughafens ist, ich habe die Baustelle bisher nicht zu Gesicht bekommen und die Betonkonstruktionen bisher nur aus der Ferne gesehen. Ich denke mir aber, es geht voran. An einer anderen Stelle ist es nachweislich voran gegangen, die Deutsche Flugsicherung hat die neuen Ankunfts- und Abflugrouten für den Flughafen veröffentlicht. Dabei stellt sich heraus, beim Abflug knicken die Routen direkt nach dem Start um 15 Grad ab, bei der Landung nicht. Damit sind plötzlich neue Gebiete von überfliegenden Flugzeugen betroffen und im Umfeld des Flughafens erhebt sich massiver Protest.

Rückblickend vermute ich ab hier den Punkt, ab dem es sichtbar mit dem Projekt bergab geht, die Probleme treten zu Tage, die Planungsmängel, die Schummeleien, die unaufrichtige Haltung und die Gleichgültigkeit der Beteiligten werden über die nächsten Monate, Wochen und schließlich täglich an die Oberfläche gespült und von der verärgerten Öffentlichkeit wahrgenommen. Hans ist besonders erbost, sein Haus liegt nun genau in der Einflugschneise.

Tag der Woche, Freitag 62. Arbeitstag –
Frau Fuchsmaier geht

Frau Fuchsmaier hat noch einige wenige Tage Urlaub und daher ist heute schon ihre Verabschiedung. Mit dem September endet auch ihre Zeit bei dem, was heute die Berliner Flughafen Gesellschaft ist und was dem Zeitgeist entsprechend in den letzten vierzig Jahren, seitdem sie als Lehrling angefangen hat, mehrfach umbenannt und umstrukturiert wurde. Frau Fuchsmaier hat Schnittchen vorbereitet und uns dazu alle in den kleinen Besprechungsraum eingeladen. Torsten hält eine kurze Ansprache und liest aus der Personalakte von Frau Fuchsmaier vor, Einträge aus einer anderen Ära, es fallen Begriffe wie Sozialismus, Kollektiv, Kombinat, Kader oder »Kollektiv der sozialistischen Arbeit«. Mir ist das peinlich, aber sie steht da wie ein Felsen, wie jemand, der es geschafft hat und den nun nichts mehr erschüttern kann. Anschließend fällt die Truppe über die Schnittchen her. Später helfe ich beim Aufräumen und komme mit Frau Fuchsmaier ins Gespräch.

Und ich bin aufrichtig beeindruckt: »Frau Fuchsmaier, ich wusste ja gar nicht, dass Sie so lange hier gearbeitet haben!«

»Ja, ich habe einige Zeiten mitgemacht und ich war sogar eine lange Zeit Sekretärin der Geschäftsführung, das war meine schönste Zeit.«

»Warum sind Sie von der Position weg?«

»Naja, das hat auch immer viel mit dem Chef zu tun, der will natürlich eine Sekretärin, mit der er gut zurecht kommt und … die ein bisschen was hermacht.«

Sie lächelt verschmitzt und ich weiß nicht so recht, ob sie auf die angebliche Affäre unseres Geschäftsführers mit einer seiner Sekretärinnen anspielt.

Ich wechsele das Thema: »Gab es auch schwierige Zeiten, rückblickend?«

»Oh ja, die Zeit im Zentralen Controlling war schon immer sehr schwierig, aus verschiedenen Gründen, die Aufgaben und das Team, um mal zwei zu nennen. Und seit der letzten Umstrukturierung vor vier Jahren und der Einführung der Dezentralen Controller gibt es für uns im Grunde nichts mehr zu tun«, sie lächelt milde. »Sie sind noch jung, gehen Sie Ihren Weg, ich wünsche Ihnen alles Gute!«, sagt sie noch.

Das wünsche ich ihr auch.

Vierzig Jahre hat Frau Fuchsmaier hier gearbeitet, Nummer 7 war vier Jahre hier. Frau Fuchsmaier hat selbst für die Schnittchen bei ihrer Verabschiedung gesorgt und wir haben anschließend alle zusammen in der Küche aufgeräumt. Nummer 7 hat seine Verabschiedungsparty als Rundum-sorglos-Paket von der Geschäftsführung bezahlt bekommen. Letztlich kommt es auf die Position an und nicht darauf, wie lange irgendjemand hier gearbeitet haben will. Ich frage, mich ob die Geschäftsführung glaubt, dass Mitarbeiter so etwas in Ordnung finden.

Die dreizehnte Woche, Arbeitstag 63 bis 67

Die Woche ist eine uniforme Woche, gleichbleibend monoton wie jede andere Woche auch, mit Tagen, die einer sind wie der andere und alle eingelullt in eine große Leere. Die Minuten reihen sich schwerfällig aneinander und nur mit unendlichen Mühen kommen genug zusammen, um eine Stunde zu bilden. Dann geht es wieder von vorne los, eine Minute nach der anderen und dann noch eine und schließlich eine weitere. Draußen regnet es oder es scheint die Sonne oder es nieselt oder es ist trocken und bewölkt, aber hier drin ist immer Hintergrundrauschen, ewige Monologe einer Kollegin, die jahrelanges Aneinanderreihen von Minuten zu einem Wrack gemacht hat, ein Wrack mit vollkommen verkrusteten Gehirnwindungen und mit Gedanken vollkommen unfähig zu noch der kleinsten Richtungsänderung. Vom Schreibtisch gegenüber redet es an schlechten Tagen die ganze Zeit, irgendein von Lästereien durchzogenes, zusammenhangloses Gesabbel. Es ist nicht möglich, das nachhaltig abzustellen und es ist unerheblich, ob ich darauf eingehe oder nicht: »Ich erlebe das zunehmend mehr, dass hier irgendwelche Leute, ja? Ist ja auch egal. Dann hört man sich auch noch an hier nach dem Motto, Anführungsstriche Oberlehrerin. Da müsst ihr halt selber klar kommen, ganz einfach. Fangt aber nicht an, fünf vor zwölf zu heulen. Also das sind dann ganz zweischneidige Sachen, will ich damit sagen. Und auf der anderen Seite ist es halt einfach so, was soll ich da sagen, es ist halt Wühlen im eigenen Schmerz. Was soll ich sagen, 2002, ich glaube ich war die beste Abteilungsleiterin, ohne Schmerz. Eine Kollegin hat damals gesagt, was ist denn da in Tegel los, so kenne ich das ja gar nicht. Und jetzt muss ich erleben, wie die junge Meyer, die ja auch keine Ahnung hat, anderen in den Arsch kriecht. Das ist erbärmlich. Ich kann dir sagen, ein Herr Tönjes war früher auch besser drauf. Das wirst du nicht verstehen, kannst du gar nicht verstehen, weil du es nicht erlebt hast.« Schenkt sich Kaffee ein. »Danke dass du mir zuhörst, zuhören musst. Ich setze mich demnächst in ein Sterbezimmer, irgendwo. Die Uhren laufen heute anders. Balla, ich glaube ich spinne. Du denkst auch, lass die Alte mal, jetzt packt sie wieder die Meyer aus, frustrierte. Aber das macht nichts. Naja, was soll's.« Es ist 10:19. »Und ich weiß, was ich machen werde. Es gibt andere, die haben das vorgemacht, es gibt eine Kollegin in Tegel, die hatte nur eine einzige Schwäche, sie hatte über Jahre hinweg dem Alkohol zu sehr zugesprochen …«

Irgendwo brennen noch immer meine beiden Planungs-Tannenbäume, und die zwischenzeitlich von mir gelöschten Zweige sind inzwischen zu Asche zerfallen. Mich wundert, dass niemand den vielen Rauch aufsteigen sieht.

Ein kleines Highlight der Woche ist, dass es Hans gelingt, den Schlüssel für das verwaiste Büro von Nummer 7 unter seine Kontrolle zu bringen und wir fortan unsere Besprechungen auch dort abhalten können. Der Raum liegt abseits im turmartigen Teil des Hauptgebäudes und ist viel größer, als ich das von meinem Bewerbungsgespräch in Erinnerung hatte. Das Zimmer hat zu zwei Seiten lange Fensterreihen. Von hier oben ist in der Ferne die Flughafenbaustelle zu sehen. Ein langer Schreibtisch, ein großer Flachbildschirmfernseher und ein Besprechungstisch für zwölf Teilnehmer verlieren sich etwas in den Weiten. Hinter dem Schreibtisch steht ein schwerer Chefsessel aus Leder, auf

Rollen und mit endlosen Einstellmöglichkeiten. Ich kann die automatische Massagefunktion nicht finden, möglicherweise hat er keine. Ich bin etwas enttäuscht.

Segafredo hat noch etwas über ein Jahr durchgehalten, bevor er aufgeben musste. Für Brandenburg ein ziemlicher Verlust, das war sehr guter Kaffee.

Tag der Woche, Montag 63. Arbeitstag – Der Beurteilungsbogen

Gleich zu Arbeitsbeginn holt mich Torsten in sein Büro. Ich vermute eine kurze Ansprache, ich habe es mir in den letzten Wochen zur Gewohnheit gemacht, eher um halb zehn denn um neun am Arbeitsplatz zu sein. Das spart 30 zähe Minuten jeden Tag. Aber Torsten hat ein ganz anderes Thema, er ist von der Personalabteilung angehalten worden, mit mir nach der Hälfte meiner Probezeit ein Gespräch zu führen und einen Beurteilungsbogen mit Fragen durchzugehen. Darauf soll er mich bewerten und ebenso soll ich ihn bewerten. Das Ganze geht an die Personalabteilung und an seinen Chef. Eine Situation wie ein Mexican standoff: Niemand will hier ein Blutbad und so überschütten wir uns gegenseitig mit Lob. Am Ende des Fragebogens gibt es einen Bereich, der da heißt »Allgemeine Anmerkungen«.

Torsten fragt, ob ich dazu etwas habe und ich steige darauf ein: »Ja, weißt du Torsten, jenseits all dessen, was wir weiter oben besprochen haben ist es so, dass ich durchaus mehr tun kann. Um es ganz deutlich zu sagen, ich habe freie Kapazitäten sowohl im Hinblick auf Menge als auch Anspruch meiner Aufgaben.«

»Ja, das ist ein guter Hinweis. Was schreiben wir dazu?«

Nach einigem Hin und Her einigen wir uns auf die Formulierung »Ist bereit, weitere Aufgaben zu übernehmen«. Die Formulierung übernehmen wir wörtlich drei Monate später zum Probezeit-Abschlussgespräch. Ich glaube nicht, dass sich das irgendjemand angesehen hat, jedenfalls bin ich nie darauf angesprochen worden.

Zurück an meinem Schreibtisch finde ich eine E-Mail mit organisatorischen Anweisungen vor. Nummer 2, der für den Bau zuständige Geschäftsführer, hat seine Dissertation abgeschlossen und wünscht, zukünftig mit seinem Doktortitel angesprochen zu werden. Wir mögen bitte darauf achten, dass ausnahmslos alle Unterlagen entsprechend aktualisiert werden. Einige Wochen später wird die Arbeit im Internet veröffentlicht und unter den Mitarbeitern bricht ein Wettstreit darüber aus, wer die gröbsten Mängel oder die dümmsten Stellen in der Arbeit findet. Die Arbeit ist ein überdurchschnittlich mangelhaft und lieblos zusammengeschobener Geländewagen und selbst der Berliner Tagesspiegel zitiert daraus später zur Belustigung seiner Leser. Das Niveau immerhin ist ein Indiz dafür, dass das Werk nicht plagiiert ist.

Ich nehme meinen Plan mit der Fortbildung wieder auf, wenn schließlich der oberste Chef neben der Betreuung der Baustelle noch Zeit für seine Dissertation hat, dann kann ich das auch.

Oktober 2010 – Der vierte Monat

Die Planung ist noch immer nicht abgeschlossen und soweit ich das hier aus dem Zentralen Controlling beurteilen kann, werden die Planungsbäume für die Präsentation bei der Geschäftsführung so geschmückt, dass sie für das ungeübte Auge einigermaßen authentisch aussehen. Die brennende Seite wird zur Wand gedreht.

In den Wissenschaften gibt es das Theorem der endlos tippenden Affen. Es ist ein Gedankenexperiment zur Erklärung der Kraft des Zufalls etwa bei der Evolution. Die Idee ist, dass selbst ziellos auf Tastaturen herumhämmernde Affen irgendwann einen sinnvollen Satz hervorbringen. Etwa so, wie die Evolution durch viele Versuche und über lange Zeit schließlich perfekt angepasste Lebewesen erschafft. Umgekehrt verdeutlicht das Theorem aber auch: Wenn niemand weiß, was das Ziel ist, dann dauert es eben sehr lange, und es müssen sehr viele Affen sinnlos arbeiten. Trotzdem bleibt das Ergebnis am Ende ein Produkt des Zufalls.

Zufall ist auch, dass ich von der beunruhigenden Nachricht erfahre, wie sehr unsere Bürogebäude einsturzgefährdet sind. Ein abgelegenes Gebäude ist vor einiger Zeit bereits in sich zusammengefallen und das ging nur glimpflich aus, weil der dort untergebrachte Kollege gerade nicht am Platz war. Zufällig. Nun wird unser Gebäude mit Stützen im Keller stabilisiert, hoffentlich ausreichend. Gleichzeitig haben Schildbürger die Diskussion vom Zaun gebrochen, ob nicht das Gebäude nachträglich mit einer Klimaanlage ausgestattet wird. Das Ansinnen kommt vom Betriebsrat und ist eine direkte Folge des heißen Sommers und der bereits erwähnten Temperaturerfassung. Das Vorhaben kostet ein Vermögen und sprengt die Planung vollkommen. Dennoch wird es nicht gestrichen, die Geschäftsführung fürchtet sich vor dem Betriebsrat und der Betriebsrat braucht ein neues Prestigeobjekt für seine nächste Wiederwahl.

Ist das nicht beruhigend? Wenn hier alles zusammenfällt, dann liegen wir wenigstens kühl unter dem Schutt.

Projekt des Monats: Das Betriebskonzept

Nach der schriftlichen Dokumentation meiner geringen Auslastung im Fragebogen der Personalabteilung versucht mein Chef wieder vermehrt, mich zu beschäftigen. Da kommt es gelegen, dass der Bereich Liegenschaften an einem Betriebskonzept arbeitet, wie Torsten mitbekommt. Ich habe zunächst keine Vorstellung davon, was ein Betriebskonzept ist. Aber mein Chef lässt keine Zweifel daran, wie eminent wichtig es ist, dass wir als Abteilung »an dem Thema dran sind«. Also komme ich in den Verteiler und muss zu den Besprechungen. Angesetzt sind vier Stunden alle zwei Wochen. Bei einem Betriebskonzept geht es darum, die Verantwortung für bestimmte Pflichten (zum Beispiel im Winter räumen und streuen) juristisch sauber und dokumentiert von der Geschäftsführung auf einen definierten Mitarbeiter zu delegieren. Dazu sind externe Berater da (was sonst), die pro Stunde bezahlt werden und die jedes noch so kleine Detail aufgreifen und jeden noch so fernen Konflikt schüren.

Gerade geht es um die Sicherheit der Bürogeräte, dazu ist grundsätzlich ein Mitarbeiter aus dem technischen Bereich als Sicherheitsinspektor beauftragt, regelmäßig in allen Büros die technischen Geräte zu überprüfen, Kabel, Steckdosen, Monitore und Computer: Liegen Drähte frei, ist irgendetwas angeschmort, wackelt eine Steckverbindung, usw. Die Frage ist nun, ob das so bleiben kann, schließlich soll irgendwann der Bereich Liegenschaften voll ausgestattete Büros vermieten und hätte damit auch die technische Sicherheit zu gewährleisten. Unklar ist aber, was genau dann in der Verantwortung des Bereiches Liegenschaften läge. Blieben Computer, Monitore und Drucker weiter in der Verantwortung des Bereichs EDV? Sei der technische Bereich weiterhin verantwortlich für Steckdosen und Deckenleuchten? Hieße das, der Bereich Liegenschaften sei nur verantwortlich für Tischlampen? Wer haftet für privat mitgebrachte Radioempfangsgeräte?

Der Sicherheitsinspektor ist ein sehr netter, älterer Herr. Er kommt eines Tages mit einem Klemmbrett und einem Elektrikerköfferchen in mein Büro und bittet mich, ich möge alle Geräte ausschalten und den PC herunterfahren. Dann werden alle Steckdosen untersucht, alle Kabel überprüft, alle Geräte inspiziert. Der Prüfvorgang wird auf einem Formular dokumentiert und alle Geräte bekommen ein kleines, selbstklebendes Prüfsiegel. Selbst meine Kaffeemaschine. Das Ganze dauert etwa 40 Minuten, dann zieht der Sicherheitsinspektor ein Büro weiter. Ein halbes Jahr später ist er wieder da.

Ebenso aus dem Aufgabenpool »Auslastung meines neuen Mitarbeiters« habe ich irgendwann von Torsten die Aufgabe bekommen, eine Powerpoint-Folie anzufertigen zu der Fragestellung, ob die nördliche Landebahn dieses Jahr saniert werden soll oder erst in fünf Jahren zu dann höheren Kosten, aber auch gründlicher. Die Daten sind alle vorhanden und ich brauche für die Folie eine Stunde. Das aber nur, weil ich mir ordentlich Zeit lasse. Später erfahre ich, dass die Frage längst entschieden ist.

Torsten räumt das auch gleich ein und fügt hinzu: »Es ist aber wichtig, dass wir das auch als Folie dokumentiert haben. Deine Folie gefällt mir sehr gut, das ist sehr gut strukturiert.«

Na dann.

Tag des Monats, Sonntag, kein Arbeitstag

Ich bin mit einer Freundin verabredet. Sie arbeitet bei einem großen Konzern in der Revision. Ich erkundige mich, wie es bei ihr läuft und sie schwärmt von Prüfungen überall auf der Welt und von den abwechslungsreichen Aufgaben und den vielen neuen Herausforderungen. Dann gibt sie die Frage zurück und fragt, wie es bei mir ist. Ich berichte aufrichtig von meinen Problemen, vom schlechten Arbeitsklima und von der geringen Auslastung sowohl vom Inhalt als auch vom Umfang. Sie schweigt lange dazu. Schließlich sieht sie an mir vorbei in die Unendlichkeit und sagt nachdenklich: »Ja, so ist es bei mir auch, total langweilig und viel zu wenig zu tun. Meine Chefin will davon aber nichts wissen und sagt, ich würde mich daran gewöhnen. Ich habe ein Zweitstudium an der Uni Hagen angefangen und lerne dafür im Büro.«

Ja, stimmt, ich muss mich um meine Fortbildung kümmern.

Die Tage werden kürzer und es wird kühler draußen. Der Herbst ist da.

November 2010 –
Der fünfte Monat, Arbeitstag 88 bis 109

Der neue Monat ist etwas kälter und feuchter als meine Monate bisher. Das schränkt die Möglichkeiten ein, draußen spazieren zu gehen. Passend dazu sucht Frau Moori nach einem günstigen Gasanbieter zum Heizen ihres kleinen Einfamilienhauses. Sie wird damit in der Summe drei Tage verbringen. Sie hat inzwischen mitgeschnitten, dass ich vorher bei einem Energieversorger gearbeitet habe und löchert mich mit Fragen zu Tarifen und Konditionen. Zu meiner großen Überraschung eröffnet sie mir im Laufe der Woche auch, dass sie am Wochenende ins Büro kommen müsse, sie habe so viel zu tun, weil die ganzen Projekte im System gepflegt werden müssten und so. Zum Ende der Woche erwähnt sie diesen Umstand zunehmend häufiger und auch gegenüber den Kollegen und natürlich bleibt auch in der kommenden Woche keine Gelegenheit ungenutzt, ihre Wochenendschicht zu erwähnen.

Mich beeindruckt das nicht, ich muss nicht hören, um zu verstehen; ich weiß, weil ich sehe: Frau Moori hat mit Sicherheit noch weniger zu tun als ich. Ihre Liste der Projekte ist nichts weiter als bei mir das Thema »Schließung Tempelhof« und wir unterscheiden uns nur im Umfang und in der Form, in der wir Arbeit simulieren. Dieses Unternehmen hat uns beide zu Freaks gemacht. Diese frustrierende Erkenntnis veranlasst mich, ein weiteres Gespräch mit Torsten zu Umfang und Anspruch meiner Arbeiten zu suchen.

Er gibt sich verständnisvoll und verspricht, einen Termin einzustellen. Leider ist er zunächst noch ziemlich ausgelastet mit den Nacharbeiten zu der Planung und daher ist die Terminfindung nicht ganz einfach. Schließlich muss auch er eine Wochenendschicht einlegen und an dem darauf folgenden Montag bekommen wir – seine Mitarbeiter – das Ergebnis präsentiert: Torsten hat die Planung ausgedruckt, alle Werte in größtem Detail und ergänzt um Folien und Unterlagen. Das ist ein dicker Ordner, und der ist nicht ein Mal ausgedruckt oder zwei Mal oder zehn Mal, sondern viele dutzende Male. Mein Chef hat am Wochenende viele tausende Seiten kopiert, dann viele tausende Seiten gelocht und abgeheftet und dutzende Ordner beschriftet. Das Ergebnis ist auf seinem Besprechungstisch aufgestapelt.

»Das muss jetzt verteilt werden«, erklärt er stolz.

Was wollte ich noch mit ihm besprechen?

Die Deutsche Bahn feiert in diesem November die Fertigstellung und Eröffnung ihres Bahnhofs unterhalb des Flughafens. Der Flughafen geht über das Ereignis hinweg, selbst in unserer Mitarbeiterzeitung »Der Überflieger« findet sich dazu nichts. Nach der ursprünglichen Planung sollte der Flughafen zu diesem Zeitpunkt fertig sein.

Tag des Monats, Dienstag 94. Arbeitstag

Eine der Besonderheiten dieses Unternehmens ist, dass der langfristige Geschäftsplan, meistens bezeichnet als der Businessplan, nicht wie üblich in der Controllingabteilung betreut wird, sondern in einer gesonderten Abteilung »Finanzierung«. Diese Abteilung kümmert sich auch darum, dass genug Liquidität auf den Konten vorhanden ist. Aus Neugier habe ich mich mit dem Kollegen verabredet, der für den Businessplan zuständig ist, und er hat versprochen, mich dort hindurchzuführen und die Annahmen zu erläutern.

Der Businessplan für den Bau des neuen Flughafens wird in einer Tabellenkalkulation verwaltet und hat den Schwerpunkt auf (natürlich) den Kosten für den Bau des Flughafens. Die laufenden Betriebskosten der übrigen Bereiche des Flughafens sind auch berücksichtigt, aber nur am Rande und in einer Gesamtsumme. Das ist eines der zentralen Probleme und Ausgangspunkt der jährlichen Streitereien zwischen den Abteilungen, wer aus der Gesamtsumme wie viel ausgeben darf und wer wie viel einnehmen muss. Aus dem Businessplan geht auch hervor, dass die Flughafengesellschaft nach Fertigstellung des neuen Flughafens erhebliche Verluste vor allem aus der Abschreibung der neuen Anlagen einfahren wird.

In der Situation kommen gerade genug liquide Mittel herein, um die Zinsen der Milliardenkredite zu bedienen. Später dann – so sieht es der Plan vor – werden die Umsätze des Flughafens durch den zunehmenden Luftverkehr weiter steigen und die Gesellschaft ist dann in der Lage, den Kredit langsam zurückzuführen.

Übersetzt in Klartext bedeutet das: Ich kaufe ein Haus, dass ich mir nicht leisten kann, aber wenn ich die nächsten beiden und sicher üppigen Gehaltserhöhungen bekomme, kann ich den Kredit langsam zurückführen. Und die Banken machen das mit, weil ich reiche Eltern habe, die für jeden einzelnen Euro gebürgt haben.

Wir sprechen offen und der Kollege beschreibt die Situation so: Der Aufsichtsrat kümmert sich nicht um die Gesellschaft, sofern nur irgendwann möglichst ohne Probleme ein neuer Flughafen da steht. Die Geschäftsführung will möglichst einen großen und prestigeträchtigen neuen Bau, und die Banken verdienen mit der Höhe der Kredite, derweil die öffentliche Hand dafür bürgt.

Die allgemeine Gleichgültigkeit bekomme ich auch zu spüren, ich habe noch kein einziges Mal Rückfragen zu den monatlichen Erläuterungen aus meinen beiden Bereichen bekommen. Und ich kann ausschließen, dass es an der Qualität der Erläuterungen liegt. Allein die enormen Schwankungen der Ergebnisse von einem Monat zum nächsten sind deutliche Warnzeichen, dass es

Probleme gibt. Fehlende Abgrenzungen sind so ein Problem, die Rechnung für den Stromverbrauch eines Jahres wird gebucht wenn sie kommt, und sie wird nicht (oder falsch) auf die Monate verteilt. In dem betroffenen Bereich kennt sich niemand so richtig mit dem Konzept der Abgrenzung aus. Der verantwortliche Leiter der Dezentralen Controllingabteilung hat vorher im Marketing gearbeitet. Also stehen wir gemeinsam vor dem Tannenbaum und ich erläutere ihm das Konzept »Löschen«.

Aber wo genau ist das Problem, es lief doch schon immer so und es läuft doch auch gut. Hier brennt nichts, es gibt kein Problem, jedenfalls nicht in meiner Abteilung.

Projekt des Monats: Der neue Bodenbelag

Die über Jahre, wenn nicht Jahrzehnte mit Füßen getretene und nun arg strapazierte Auslegeware im Flur vor meinem Büro ist in der Tat reichlich unansehnlich. Die Personalabteilung hat daher im Bereich Liegenschaften nachgefragt, ob nicht ein neuer Bodenbelag sinnvoll sei. Das Ansinnen landete auf dem Tisch eines jungen Mitarbeiters, und der hat in der ihm eigenen Hands-on-Haltung einfach einen preiswerten und haltbaren neuen Belag für den Flur in Auftrag gegeben. Das rief den Bereichsleiter über der Personalabteilung auf den Plan, er war nicht informiert und sah seine Kostenstelle plötzlich belastet, der Abteilungsleiter »Personal« ruderte rasch aus der Schusslinie, es sei doch nur eine Anfrage und keineswegs ein Auftrag zum Austausch gewesen. Folglich wurde der junge Mitarbeiter, die Heißdüse, für die Aktion im großen E-Mail-Verteiler zusammengeschossen. Er ist ein helles Kerlchen und wird sich also zukünftig zurücknehmen, irgendetwas anzufassen oder sogar zu erledigen.

Dezember 2010 – Der sechste Monat, Arbeitstag 110 bis 132

Endlich ist es nun wieder etwas ruhiger geworden diesen Monat, die Planung für das kommende Jahr ist abgeschlossen und wird in das System eingegeben. Das hat aber keine Eile, denn die ersten beiden Monate im neuen Jahr wird ohnehin nicht nach Zahlen gesteuert, dafür ist das alles zu sehr nicht-relevant. In späteren Monaten ist es genauso, aber zumindest der Anschein der Steuerung wird erweckt, der Monatsabschluss wird erstellt und verschickt und nur nicht gelesen.

Natürlich habe ich noch immer nichts zu tun und keine Ahnung, was eigentlich meine Aufgabe ist. Das Gespräch mit Torsten ist letzten Monat nicht zustande gekommen. Ich habe über den Flurfunk mitbekommen, dass die Flughafengesellschaft schlecht aufgestellt ist, was das Risikomanagement angeht. Risikomanagement finde ich ein spannendes Thema und daher biete ich bei nächster Gelegenheit meinem Chef an, dass ich mich da einbringen kann. Da ich nicht sicher bin, wie genau Torsten meinen Lebenslauf noch in Erinnerung hat, füge ich gleich noch hinzu, dass ich bei meinem letzten Arbeitgeber verantwortlich war für das Risikomanagement und in der Funktion zwei Mitarbeiter hatte. Torsten ist begeistert von meinem Angebot, es passe ihm gut. Anscheinend bittet ihn der aktuelle Risikomanager schon seit einigen Monaten darum, dass er die Aufgabe abgeben kann. Torsten verspricht, sich darum zu kümmern, dass ich das übernehmen kann. Es zeichnet sich also ab, dass ich ein eigenes Aufgabengebiet bekomme. Nach über fünf Monaten. Wie schön.

Projekt des Monats: SAP Modul PS

Eines Tages bittet mich mein Chef zu sich ins Zimmer zum Gespräch. Er möchte, dass ich auf eine Schulung gehe, ich soll im Bereich unserer Buchhaltungssoftware SAP weitergebildet werden.

Ich bin etwas sprachlos, zumal Torsten gleich schon eine Schulung im Auge hat: »Hier, ich habe schon gleich eine Schulung für dich herausgesucht.« Er reicht mir einen Ausdruck und ich lese »Schulung Projekt System Modul (PS)«.

»Torsten, davon habe ich ja noch nie etwas gehört, sicher, dass das in unseren Arbeitsbereich gehört?«

»Ja, es ist das, was Frau Moori macht.«

»Ja, und da steht was von ›nur für Fortgeschrittene‹ und ›Teilnahme an Modulen eins bis drei absolute Voraussetzung‹.«

»Ja, ruf mal an und frag ob das zwingend ist oder nur ein Vorschlag.«

Also rufe ich bei SAP an und erfahre, dass es eine dringende Empfehlung ist, ich würde sonst kaum mitkommen. An der Stelle halte ich das ganze Vorhaben für reichlich unsinnig und ich teile das meinem Chef in gepolsterten Worten mit.

Er teilt meine Einschätzung nicht: »Hm, nein, das sehe ich nicht so und außerdem habe ich noch Budget, das muss dieses Jahr noch weg.«

Eine Woche Schulung schlägt immer noch eine Woche im Büro und also buche ich eine Woche Schulung bei SAP, Hin- und Rückflug, Hotel und Mietwagen.

Erwartungsgemäß kann ich mit der Schulung nicht viel anfangen, ich fühle mich wie ein Sechsjähriger, dem an der Tafel Integralrechnung erläutert wird. Ich sitze trotzdem alle Stunden und Tage ab und notiere mir eine Handvoll Befehle für automatische Auswertungen, die ich für sinnvoll halte. Ich opfere eine Woche meiner Lebenszeit, der Flughafen versenkt einige tausend Euro und das Ergebnis ist null Erkenntnisgewinn und ein genervter Mitarbeiter.

Viele Wochen später wird mich einer unser abteilungseigenen SAP Berater auf das Thema ansprechen: »Ich habe gehört, Sie waren auf der SAP Schulung in Waldorf zum Thema PS, wie fanden Sie es?«

»Ich glaube, es ist sinnvoll sich bei SAP weiterbilden zu lassen, die wissen was sie tun. Außerdem ist das Essen in deren Kantine sehr gut.« Er nickt freundlich, und ich fahre fort: »Aber im Grunde war es sinnlos, ich war beim vierten Modul, ohne die anderen drei gehabt zu haben, und das Minimale, was ich mitgenommen habe, funktioniert in unserem PS nicht.«

Der Berater entgegnet: »Ja, ich weiß, die Erfahrung haben vor Ihnen schon andere gemacht. Ohnehin ist das SAP PS beim Flughafen so stark angepasst und verändert, dass sich da ohne Weiteres sowieso keiner mehr auskennt, also auch mit allen vier Modulen nicht. Das betrifft aber nicht nur PS, das ganze Buchhaltungssystem ist vollkommen zerhauen und neu zusammengeklebt. Jeder darf da mal ran. Ich bin schon lange hier und trotzdem blicke ich da oft nicht dran entlang. Und ich bin schon lange SAP Berater, aber das gibt es nur hier.«

Aha, da löscht also auch einer an seinem brennenden Baum.

Risikomanagement, die Anfänge

Torsten bittet mich in sein Büro: »Es gibt gute Neuigkeiten, ich habe das Thema Verbesserung Risikomanagement platziert und mit dem Leiter der Revision gesprochen. Der war zunächst von der Idee nicht überzeugt, aber er hat mich einige Tage später zurückgerufen und gesagt, das müssten wir unbedingt machen. Und zwar kurzfristig.«

Das klingt gut, finde ich.

Torsten fährt fort: »Und das Tolle ist, wir bekommen sogar Beratungsbudget von der Geschäftsführung.«

Ich kann das nicht einordnen und frage nach: »Ich verstehe nicht, wieso Beratungsbudget und was hat die Geschäftsführung damit zu tun? Wir brauchen zu diesem Zeitpunkt keine Beratung, wir haben noch gar nicht angefangen und ich habe Erfahrung auf dem Gebiet.«

»Ja, das mag alles sein, aber keine Berater zu nehmen ist jetzt keine Option mehr. Die Geschäftsführung will Beratung. Und du kannst ja immer noch konkret darauf achten, dass die vernünftig gesteuert werden.«

»Ich soll die Berater steuern? Was sollen die denn machen?«

»Naja, die sollen das Risikomanagement verbessern. Übrigens müssen wir auch mit der Rechtsabteilung sprechen, dort gibt es einen Kollegen, der sich mit Compliance beschäftigt, der muss eingebunden werden.«

»Compliance? Ich habe noch nicht gehört, dass beim Flughafen dazu etwas gemacht wird.«

»Da wird auch nicht so viel gemacht. Müsste aber, es gibt Richtlinien von unserem Gesellschafter dazu, die halten wir nicht ein.«

Das wundert mich nicht großartig. »Kann ich denn das Risikomanagement übernehmen, hast du das klären können?«

»Ja, unser Kollege gibt das gerne ab. Der geht morgen in Urlaub, aber im Januar könnt ihr mit der Übergabe anfangen.«

Tag des Monats, Mittwoch 130. Arbeitstag

Weihnachten liegt hinter uns und Neujahr vor uns. Diese Zeit »zwischen den Feiertagen« ist grundsätzlich ruhig, auch in normalen Unternehmen. Hier ist es extra ruhig auf einem Niveau, das ich bisher nicht erlebt habe. Von unserer Abteilung bin ich der einzige, der keinen Urlaub hat und aus der Abteilung sind alle Telefone auf mich umgeleitet. Da klingelt trotzdem nichts. Ich schätze, dass durch die Hauptverwaltung etwa jeder siebte oder achte Mitarbeiter da ist und für die Abteilung die Stellung hält. Auf dem Parkplatz jedenfalls, für den ich illegal die Parkkarte von meinem Chef habe und der sonst vollkommen überfüllt ist, findet sich in diesen Tagen ohne Stress ein Plätzchen direkt am Gebäude.

Hans gehört auch zu den Mitarbeitern, die keinen Urlaub haben. Er schaut bei mir im Büro vorbei und ist bester Laune: »Hey, du bist ja auch hier! Ich hatte das gehofft wegen, du weißt schon, deines Kaffees.«

»Der ist gerade ganz frisch, Tassen stehen im Schrank.«

Hans schenkt sich ein und wir plaudern etwas über Weihnachten und Familie, bevor er mir von seinem neuen Projekt erzählt: »Ich habe von ganz oben den Auftrag bekommen, eine schnelle Eingreiftruppe zusammenzustellen.«

»Eine schnelle Eingreiftruppe?« Ich kann mir darunter nichts vorstellen.

»Ja, Freiwillige aus der Verwaltung sollen im Terminal eingesetzt werden und Fluggäste betreuen, wenn es zu Störungen kommt, Schneechaos, Streik oder was auch immer. Speziell soll Familien mit Kindern geholfen werden, aber auch älteren Menschen. Die Freiwilligen sind immer zu zweit und haben Spielzeug für die Kinder dabei oder Wasser und können auch Auskünfte geben und so. Ich glaube das wird eine tolle Sache und ich suche jetzt Freiwillige. Bist du dabei?«

Ich finde die Idee gut und ich lasse mich eintragen.

Ich werde nur einen einzigen Einsatz als Freiwilliger haben und mit einem Auszubildenden aus dem Bereich Aviation zusammen in Tegel eingesetzt. Das ist ein Glücksfall, denn ich kenne selbst die Antworten auf die einfachsten Fragen unserer Fluggäste nicht (Wo ist Gate 3? Wo kann ich mein Kind wickeln? Wo geht der Flug nach Israel?). Mein Partner kennt sich sehr gut aus, steht wenige Wochen vor Abschluss seiner Ausbildung und weiß aber noch immer nicht, ob er übernommen wird. Der gemeinsame Einsatz macht Spaß und ich lerne den Flughafen kennen, allerdings habe ich auch ein schlechtes Gewissen, als gutbezahlter Mitarbeiter des Zentralen Controllings Süßigkeiten an Kinder zu verteilen. Später bekomme ich dafür auch noch 20 Euro Aufwandsentschädigung, anscheinend war das die Bedingung für die Zustimmung des Betriebsrates zu dem Projekt.

Januar 2011 – Der siebte Monat, sieben Monate bis zur Kündigung

Der Januar ist ein besonderer Monat in jeder Controllingabteilung. Der Januar ist üblicherweise der Monat, in dem der Dezember-Jahresabschluss gebucht wird. Dazu müssen neue Rückstellungen und Abgrenzungen gebildet oder alte Rückstellungen und Abgrenzungen aufgelöst werden. Außerdem fällt kein Monatsabschluss an, sondern ein Jahresabschluss. Für gewöhnlich ist das viel Arbeit. Das wird auch beim Flughafen nicht anders sein, aber beim Flughafen bleibt diese Arbeit in der Buchhaltung, im Controlling kommt nichts an und die Leiterin der Buchhaltung verwehrt sich auch gegen jede Einmischung. So können wir denn also von hier unten im Buchhaltungssystem den Fortschritt verfolgen und dabei zusehen, wie der für das letzte Jahr ausgewiesene Gewinn täglich zwischen 90 und 115 Millionen Euro schwankt. Am Ende werden es 109 Millionen Euro sein, die der Flughafen als Gewinn für 2010 ausweist. Ein tolles Ergebnis und alle feiern.

Einen winzigen Schönheitsfehler hat die Sache allerdings, der ausgewiesene Gewinn ist ein Gewinn nach EBITDA und enthält nicht das Finanzergebnis, die zu zahlenden Steuern, den Zinsenaufwand und den Aufwand für Abschreibungen. Kosten für Abschreibungen fallen schon für wenige neue Anlagen an, die auf der Baustelle fertiggestellt und von der Flughafengesellschaft übernommen wurden. Die Kosten für Zinsen fallen an mit der Inanspruchnahme des Kredites für den Bau. Unter Berücksichtigung aller Kosten ist der für das abgelaufene Geschäftsjahr ausgewiesene Gewinn eben noch über Null. Unser Tanker ist also mit dem Bug nur knapp über der Wasserlinie und die Welle kommt, wenn die Inanspruchnahme des Kredites weiter steigt (wie geplant) und die Abschreibungen auf die Anlagen des neuen Flughafens auch (wie geplant und mit der Übernahme). Aber Hauptsache, auf der Brücke ist noch alles trocken. Der Ausweis eines EBITDA Ergebnisses bei einem solchen Unternehmen ist der Versuch, die Eigentümer für dumm zu verkaufen und über die tatsächliche wirtschaftliche Situation zu täuschen.

Das wird für absehbare Zeit das letzte positive Jahresergebnis für den Flughafen sein. Ab hier ist die Gesellschaft eine Subventionsruine in Millionenhöhe. Nicht im EBITDA, aber in echt.

Highlight des Monats: »The Henschel-Villa-Episode«

In der Henschel-Villa hat angeblich früher die Eigentümerfamilie der Henschel Flugzeugwerke gewohnt. Heute sind hier Büros der Flughafengesellschaft und ein Besprechungsraum im Wintergarten. In diesem Besprechungsraum soll heute eine Besprechung mit dem Bereich Liegenschaften stattfinden und vom Zentralen Controlling sind Frau Schönberg und ich dazu eingeladen. Wir wissen beide nicht so genau, worum es geht. Aber das ist nichts Ungewöhnliches, und wir sind pünktlich um neun Uhr vor Ort. Der Raum ist leer und offen, wir setzen uns rein. Um 9:10 Uhr fragen wir irritiert im Sekretariat nach, ob die Besprechung stattfindet, aber niemand weiß etwas. Doch dann kommt auch schon eine Kollegin aus dem Bereich Liegenschaften mit dem Kaffee, Tassen und etwas Gebäck und hinter ihr weitere Teilnehmer der Besprechung. Um 9:30 Uhr ist die Truppe soweit vollständig und wir können anfangen. Der Bereichsleiter Liegenschaften lässt sich entschuldigen, er habe einen anderen Termin und wisse nicht, ob er es schafft.

Frau Schönberg startet die Besprechung mit: »Das ist vielleicht jetzt unglücklich, aber ich weiß nicht genau, worum es in der Besprechung geht ...«

Eine Kollegin aus dem Bereich Liegenschaften hilft weiter: »Ja, ich hatte die Idee zu dieser Besprechung, weil ich immer wieder mit Sekundärkosten zu tun habe und ich weiß gar nicht so genau, was das ist und wo das herkommt. Und da dachte ich dass Sie, Frau Schönberg, uns weiterhelfen können?«

»Ja, klar, das kann ich. Sie müssen sich das vorstellen wie eine Wohngemeinschaft, irgendeiner bekommt die Telefonrechnung, das sind die Primärkosten. Diese Telefonrechnung wird er nun nach einem Umlageschlüssel auf seine Mitbewohner verteilen, das sind die Sekundärkosten. Ich höre in dem Zusammenhang auch oft von ›Imaginären Kosten‹, und das stimmt natürlich nicht, in der Wohngemeinschaft wird ja auch niemand behaupten, die Telefonkosten seien so etwas wie eingebildet.«

Frau Schönberg erläutert noch einige Zeit den Hintergrund der Sekundärkosten, die dazugehörigen Prozesse und zugrundeliegenden Ideen der internen Verrechnung. Anschließend geht die Diskussion über zu den konkreten Fragen der Teilnehmer aus dem Bereich Liegenschaften. Damit sind wir noch nicht so sehr weit, als um kurz nach zehn die Tür auffliegt und der Bereichsleiter erscheint.

»Guten Morgen, tut mir leid, aber ich hatte noch einen sehr wichtigen Termin. Sie haben schon angefangen, ja? Ok, sehr gut, sehr gut! Kann mich irgendjemand eben abholen, worum geht es? Thema ist ›fiktive Kosten‹ habe ich gehört?«

Frau Schönberg holt erneut aus und erläutert stoisch die Zusammenhänge ein weiteres Mal. Der Bereichsleiter hört zu, aber liest nebenbei auf seinem Blackberry E-Mails. Der Rest der Truppe sieht aus dem Fenster.

Schließlich ist der Bereichsleiter im Bilde und zufrieden: »Ja, sehr schön. Aber wenn ich das richtig verstanden habe, ist das Ziel dieser Besprechung ja auch, die Unklarheiten im

Zusammenhang mit … hm … Kosten zu beseitigen. Was ich mir jetzt noch wünsche, ist, dass wir die Ergebnisse zusammenfassen, was sind imaginäre Kosten, was sind sekundäre Kosten und so. Wer kann das machen?«

Niemand rührt sich, Frau Schönberg und ich sind auf der sicheren Seite, wir gehören nicht zu seinen Mitarbeitern.

Nach einer quälend langen Zeit wendet sich der Bereichsleiter schließlich an die Kollegin, die rechts von ihm sitzt:

»Frau Thomas, wollen Sie nicht eine kurze Zusammenfassung erstellen?«

Frau Thomas bricht innerlich zusammen, ich kann das genau sehen. Sie nickt resigniert.

»Halten Sie das kurz und knackig, nicht mehr als vielleicht so zehn Folien, ja? Und schicken Sie das dann an alle Teilnehmer herum. So, ansonsten vielen Dank an alle!«

Die Besprechung ist zu Ende.

Ich fasse zusammen, im Wintergarten der Henschel-Villa sitzt man hell und bequem, der Blick geht hinaus auf eine parkähnliche Landschaft mit Bäumen und gepflegtem Rasen. Der Kaffee war auch ordentlich. Allerdings hätte ich mir Schnittchen zur Besprechung gewünscht, mit Gebäck am Vormittag kann ich nicht so viel anfangen.

Über das Thema habe ich nichts mehr gehört, Folien habe ich keine bekommen. Ich habe aber auch nie danach gefragt.

Tag des Monats, Donnerstag 136. Arbeitstag – Mein eigenes Büro

Über die letzten Tage und Wochen hat sich das Verhältnis zwischen meiner Arbeitskollegin und mir deutlich verschlechtert. Vor dem Hintergrund der immergleichen Monologe und stupiden Lästereien bin ich gereizt und einfach auch voll von dem ganzen Müll. Ich habe daher schon vor einigen Tagen mit

Torsten abgestimmt, dass ich das alte Büro von Frau Fuchsmaier haben möchte und dahin umzuziehen gedenke. Anfang Februar soll der neue Kollege bei uns anfangen und Aufgaben von Frau Moori übernehmen. Das ist eine gute Begründung, das Büro zu räumen und ein Zimmer weiter zu ziehen. Frau Moori ist damit überhaupt nicht einverstanden, sie fühlt sich verlassen und betrogen, zetert herum und ist ab morgen für drei Wochen krank.

Risikomanagement, die Übergabe

Während mein Chef noch damit beschäftigt ist, die Änderungen im Risikomanagement mit den betroffenen Abteilung abzustimmen, sitze ich mit dem Kollegen zusammen, der die Funktion bisher betreut hat. Er ist froh, dass er das Thema abgeben kann und wir gehen durch die Prozesse und Berichte.

Er erläutert: »Es gibt zwei Risikoberichte, der eine geht an die Geschäftsführung und enthält alle Risiken aus dem Unternehmen außer der Baustelle.«

»Die Baustelle nicht?«

»Richtig, die Baustelle hat ein eigenes Risikomanagement. Ich weiß, das ist ungewöhnlich, aber es ist zumindest gut dokumentiert, es steht sogar in der Risikorichtlinie.« Mein Kollege macht eine kurze Pause, bevor er fortfährt: »Der zweite Bericht geht an den Aufsichtsrat und enthält nur noch die Risiken, die aufsichtsratsrelevant sind. Das bestimmt sich nach der Höhe des Schadenspotenzials, der Eintrittswahrscheinlichkeit und nach der Einschätzung der Geschäftsführung.«

»Was heißt ›nach der Einschätzung der Geschäftsführung‹?«

»Naja, wenn die Geschäftsführung der Ansicht ist, dass das Risiko nicht relevant ist für den Aufsichtsrat, dann nimmt sie es eben heraus.«

»Verstehe.«

»Die Liste der Risiken umfasst 19 Risiken, etwa die Hälfte davon ist relevant für den Aufsichtsrat. Ich schicke einmal im Quartal eine E-Mail herum mit der Aufforderung an die Risikoverantwortlichen aus den Bereichen, mir neue Risiken zu nennen. Meistens kommt da nicht viel, es hat natürlich immer nie jemand irgendwelche Risiken in seinem Bereich.«

Ich schaue durch die Liste der Risiken, sie sind alle aus der Kategorie »Höhere Gewalt«, also zum Beispiel ein Flugzeugabsturz oder ein Brand im Terminal oder Terrorismus oder sonst irgendeine Katastrophe, für die niemand verantwortlich ist.

»Ein gängiges Risiko ist doch auch immer, dass Kunden nicht zahlen, das fehlt.«

»Was meinen Sie damit?«

»AirBerlin ist einer unserer größten Kunden, die Bonität ist schlechter als die von Griechenland, aber ein Risiko ist es nicht?«

Mein Kollege reagiert abgeklärt: »Ja, das ist dann der Bereich Aviation, viel Spaß damit.«

Nach der Übergabe verschicke ich die Mail mit der Aufforderung zur Aktualisierung der Risiken. Außerdem vereinbare ich mit einigen anscheinend vollkommen risikofreien Bereichen Termine zur Besprechung der Risikosituation. Natürlich ist die Terminfindung schwierig und zieht sich hin, die Bereiche laufen alle personell auf dem Zahnfleisch.

Februar 2011 – der achte Monat: der neue Kollege

Der erste Februar ist ein Dienstag, Frau Moori ist den zweiten Tag wieder im Büro und hat sich mit der neuen Situation abgefunden. Freunde werden wir nicht mehr, aber dafür muss ich mir keine Monologe mehr anhören.

Am 1. Februar fängt unser neuer Kollege an, Alex sitzt auf meinem alten Platz und nach der Begrüßung erzählt er mir, wie motiviert er ist, beim Flughafen zu arbeiten: »Flughafen, das ist wie ein kleiner Jungentraum. Und dann auch noch ein Unternehmen, das einen neuen Flughafen baut, mit allen Herausforderungen von Europas größter Baustelle! Ich bin sicher, das wird eine tolle Zeit hier.« Diese Gedanken sind mir gut vertraut.

Später haben wir unsere interne Controllingrunde wie jeden Dienstag und wie immer wird zunächst Torsten erzählen. Dann fordert er Alex auf: »Kannst du etwas über dich erzählen, was du gemacht hast und wo du her kommst.«

Wir erfahren, dass Alex vorher in Singapur in einer Bank die Firmenkundenabteilung geleitet hat und sieben Mitarbeiter hatte. Ich finde das ziemlich spektakulär und ich kann mir kaum vorstellen, mit welchen Versprechungen seine Unterschrift auf den Arbeitsvertrag gekommen ist. Was genau hier seine Aufgaben sein sollen, weiß ich auch nicht. Meiner Meinung nach gibt es kaum noch etwas, was er tun könnte. Vor einigen Tagen hatte Torsten mir erläutert, dass der neue Mitarbeiter Frau Moori unterstützen soll. Das stimmt mich nachdenklich, war das nicht auch schon meine Aufgabe?

Ich frage mich, wer moralisch dafür verantwortlich ist, wenn Mitarbeiter vollkommen an ihren Qualifikationen vorbei eingestellt werden. Vermutlich ist der Arbeitgeber verantwortlich, er hat über den Lebenslauf einen besseren Einblick als der Bewerber über die Stellenbeschreibung.

Trotzdem, auch der Bewerber kann die kleinen roten Männchen erkennen, die hektisch mit den roten Flaggen winken. Das fängt schon beim Text der Ausschreibung an: Strotzt sie vor wagen Umschreibungen oder inhaltsleerem Schmonzes? Ist nach den ersten Gesprächen klar, welche Aufgaben mit der Stelle verbunden sind? Stockt der Interviewer bei der Frage nach Verantwortung und Kompetenzen in der Stelle? Welche Freiräume haben die Mitarbeiter? Gibt es Prozessbeschreibungen um die Stelle? Welche Ausbildung hat der Vorgesetzte, wie viel Führungserfahrung? Ist das Organigramm des Unternehmens sinnvoll gegliedert?

Hätte ich diese Fragen geklärt und auch hinter die Antworten geblickt, ich hätte die Situation erkannt. Aus dem Organigramm des Flughafens geht hervor, dass es neben der Zentralen Controllingabteilung diverse Dezentrale Controllingabteilungen gibt und zusätzlich eine Abteilung »Finanzierung«. Alle diese Abteilungen gehören zu unterschiedlichen Bereichsleitern. Auf meine Frage dazu wurde mir im Bewerbungsgespräch geantwortet, das sei historisch bedingt. Allein aus dieser Antwort hätte mir klar sein müssen, dass die Unternehmensstruktur überholt ist und dass das Unternehmen nicht mehr die Kraft hat, seine eigene Organisation anzupassen. Ich wusste aus den Bewerbungsgesprächen auch, dass meine Stelle schon sehr lange unbesetzt war. Und dass »die Aufgaben liegen bleiben«. Ja, was bedeutet denn das im Hinblick auf Umfang und Relevanz der Aufgaben?! Es bedeutet, dass ich mich habe blenden lassen und nicht einen einzigen kleinen Schritt in die Richtungen nachgedacht habe, in denen die Dinge offen auslagen.

Ich finde es aber tröstlich, dass ich nicht mehr der Einzige bin. An zwei Stellen allerdings unterscheidet sich die Situation meines neuen Kollegen heute von meiner Situation vor sieben

Monaten: Er hat einen besseren Lebenslauf als ich. Und es gibt inzwischen noch weniger mögliche Aufgaben für ihn.

Die Lage ist in meinen Augen sonst fast identisch. Er ist hochmotiviert, er freut sich auf seine neuen Herausforderungen. Er stutzt kurz über seinen Tower-PC (»Gibt es keine Laptops beim Flughafen?« – »Nein, nur für Abteilungsleiter.«), er sitzt am Schreibtisch gegenüber von Frau Moori und aus meinem Büro kann ich gedämpftes Dauergemurmel hören, ich vermute, das ist der Vortrag aus dem Leben von Frau Moori. Voraussichtlich wird das einige Tage so gehen, bevor die Erzählungen um einige Lästereien über Kollegen ergänzt werden. Die Lästereien werden in dieser zweiten Phase immer weiter zunehmen und die Erzählungen verdrängen. In der dritten Phase schließlich wird es keine Erzählungen mehr geben, sondern nur noch unzusammenhängende, wirre Lästereien. Diese Phase endet mit dem Auszug aus dem Büro.

Im Übrigen ist der Februar selbst jenseits des insgesamt sehr niedrigen Niveaus ein sehr ruhiger Monat. Einen Monatsabschluss gibt es nicht, das lohnt sich nicht so früh im Jahr. Das kenne ich auch von anderen Unternehmen, dass im Februar für den Januar kein Monatsabschluss gemacht wird. Damit spare ich mir die halbe Stunde, die ich sonst jeden Monat brauche, um die Erläuterungen der Dezentralen Controller in unsere Tabelle der Zentralen Controller zu übertragen. Herr Lackner verschickt diese Dateien sonst jeden Monat sorgfältig aufbereitet mit Text, Grafiken und Tabellen, er macht das schon seit Jahren. An Rückfragen dazu kann sich ohnehin niemand von uns erinnern.

Projekt des Monats: Festlegung der Prioritäten

Ich bin durch das eigene Büro frisch motiviert. Es wirkt sich auch sehr positiv aus, dass das andauernde Hintergrundgesabbel weg ist. Wenn ich genau hinhöre, dann kann ich das zwar immer noch aus dem Nebenbüro vernehmen, aber es ist ausreichend gedämpft und kein Vergleich zu dem, was ich die letzten Monate ertragen musste.

Ich habe mir schon vor einiger Zeit angewöhnt, regelmäßig auch ohne besonderen Grund zu meinem Chef ins Büro zu laufen. Meistens ergeben sich dadurch Gespräche und anschließend weiß ich besser, was im Unternehmen los ist und er hat das Gefühl, er wüsste, woran ich arbeite. Bei einem dieser Gespräche muss ich wohl erwähnt haben, dass der Abteilung so etwas wie eine Liste der Projekte fehlt, mit Verantwortlichem und Priorität, schließlich gäbe es einige Projekte in der Abteilung und bei den wenigsten sei mir klar, was genau der Stand ist, wie wichtig das ist und wer dafür verantwortlich ist. Rückblickend bin ich damit vermutlich über das Ziel hinausgeschossen und ich weiß nicht mehr, warum ich das getan habe. Wahrscheinlich hat mich einfach nur der Moment davongetragen. Das ist ein ungewöhnliches Maß an Eigeninitiative nach so vielen Monaten hier. Aber noch ungewöhnlicher ist, dass der Vorschlag nicht direkt versandet ist.

Einige Tage nach dem Gespräch verschickt Torsten eine Einladung zu einem Termin »Erstellung einer Liste der Projekte der Abteilung« und knüpft daran die Bitte, ihm vorab Projekte zuzuschicken. Ich schreibe ihm eben neun Themen runter und schicke sie ihm zu. Das wichtigste Thema ist meiner Meinung nach die Aufgabe der Steuerung des Unternehmens über EBITDA zugunsten des Jahresergebnisses und mittelfristig vielleicht sogar einer kennzahlenbasierten Steuerung.

Ein paar Tage später ist der Termin, der Besprechungsraum ist vorbereitet, es gibt Kaffee. Angesetzt sind drei Stunden. Auf einem Flipchart sind neun Themen aufgelistet, alles gute Bekannte von mir. Die Kollegen kommen zusammen, und Torsten leitet die Veranstaltung. Eine rege Diskussion setzt ein, was genau ein Projekt ist. Und wann ein abteilungsübergreifendes Projekt ein Projekt des Zentralen Controllings ist. Sind nicht alle Projekte irgendwie abteilungsübergreifend? Was bedeutet »Verantwortlicher«? Die Priorisierung ist dagegen einfach, eigentlich sind alle Projekte »Prio A«, superwichtig. Ich weiß gar nicht mehr, was das Ergebnis der Besprechung war, ein Protokoll jedenfalls gab es nicht.

Bei der nächsten kleinen Controllerrunde in der zu diesen Ereignissen folgenden Woche erzählt zunächst Torsten in freier Rede wie üblich.

Dann kommt von Alex der Vorschlag, »Sollen wir uns nicht an der abteilungsinternen Projekteliste orientieren?«

Sehr gute Idee, die Liste wird auf dem Flipchart ausgegraben, sie ist schon ordentlich weggeblättert. Die Projekteliste wird in eher ratloser Atmosphäre durchgegangen. Wir sind schon zufrieden, wenn irgendjemand zu einem Projekt eine handvoll Worte anbringen kann, egal, wie entfernt der Bezug ist.

Alex ist aber noch nicht fertig mit neuen und guten Ideen: »Sollten wir zu unseren Controllingrunden nicht jeweils ein kurzes Protokoll anfertigen?«

Tag des Monats, Montag 168. Arbeitstag

Es ist früher Morgen, 9:30 Uhr, und ich bin eben in meinem Büro angekommen. Alex hat das offensichtlich aus dem Nebenbüro gehört. Er kommt herüber, bevor ich meinen Mantel ausgezogen habe. Er ist jetzt etwa drei Wochen dabei und wir duzen uns, haben aber noch nicht viel miteinander gesprochen. Er sitzt im Büro nebenan und Frau Moori erzählt. Da will ich nicht stören.

Jetzt steht er bei mir in der Tür: »Guten Morgen!«

»Das wünsche ich dir auch: Guten Morgen!«

Handschlag entfällt, darüber verlieren wir kein Wort und sind uns doch einig. Alex steht an den Türrahmen gelehnt, die Hände in den Hosentaschen.

»Hast du in den nächsten Tagen etwas Zeit, ich würde mich gerne mit dir zusammensetzen und verstehen, welche Aufgaben du in der Abteilung hast und vielleicht hast du ja noch den einen oder anderen Hinweis für mich und meine Arbeit?«

»Ja, klar, gerne. Ich weiß nicht, du sagst ›in den nächsten Tagen‹, das schließt doch eigentlich ›jetzt sofort‹ mit ein, oder?«

Alex überlegt kurz bevor er mir das Ergebnis mitteilt: »Ich denke, ja.«

Er zieht sich einen Stuhl heran und ich setze Kaffee auf.

»Trinkst du einen mit?«

»Ja klar, gerne.«

»Wie gefällt es dir bisher bei uns?«, frage ich ihn.

Alex blickt durch die Wände hindurch in die Unendlichkeit.

»Ich finde mich soweit ein, es ist ja alles neu.« Die Antwort kommt mir bekannt vor. Alex fährt fort: »Ich habe noch keine rechte Übersicht über meine Aufgaben. War das bei dir auch so?«

»Ja, das war bei mir nach drei Wochen nicht anders.«

Die Kaffeemaschine ist fertig beladen und ich schalte sie ein. Sie gurgelt kurz, ich bin zufrieden und setze mich an meinen kleinen Besprechungstisch Alex gegenüber.

»Hast du die denn inzwischen, die Übersicht?«, fragt er nach.

»Ja, ich denke.«

Alex sieht mich forschend an bevor er fortfährt: »Das ist gut. Ich hatte mir schon Sorgen gemacht, das ist sehr beruhigend.«

Ich sehe lange vor mir auf den Tisch bevor ich antworte: »Leider ist es weder gut noch beruhigend. Zumindest für mich.«

Nach dem Gespräch ist Alex klar, wie ich die Situation einschätze und dass ich ihn auf dem gleichen Weg sehe, den ich vor sieben Monaten gegangen bin. Seine Begeisterung für die neue Stelle ist etwas herabgebremst nach den ersten drei Wochen. Dennoch gibt es für ihn keine Zweifel, dass die Stelle funktionieren muss, seine Familie ist umgezogen, ein Haus wurde gekauft, seine Kinder gehen in eine neue Schule und seine Frau hat auch Arbeit gefunden. Nein, es gibt für ihn keine Zweifel, seine Stelle muss passen. Und sonst will er es passend machen.

Nächste Woche ist er nicht da, da ist er in Waldorf auf der SAP Schulung zum PS Modul.

Risikomanagement, die Situation der Personalabteilung

Im Februar finden die ersten Gespräche zum Risikomanagement statt. Zum Beispiel mit der Personalabteilung, ich bin um 11:30 Uhr mit einer Führungskraft aus dem Bereich verabredet, den Besprechungsraum kenne ich noch aus meinen Bewerbungsgesprächen. Nach einigen einleitenden Worten steigt der Personaler in das Thema ein.

»So, Sie haben also das Risikomanagement übernommen? Das finde ich gut, das ist einfach auch eine wichtige Funktion und ich glaube, das wird im Unternehmen nicht mit der notwendigen Ernsthaftigkeit betrieben.« Das deckt sich soweit auch mit meinem Eindruck.

»Richtig. Vermutlich liegt das auch daran, dass Risikomanagement als ein Problem empfunden wird, als Blöße, die sich keiner geben will. Dabei gehören Risiken zu jeder Aktivität. Privat entstehen Risiken beim Überqueren der Straße, beim Radfahren und beim Leben allgemein. Und so ist es auch im beruflichen Umfeld, es gibt keine geschäftliche Aktivität, die nicht mit Risiken verbunden wäre.«

Bis dahin waren wir uns noch einig. Aber bei den Risiken aus seinem Bereich wurde es schwierig: »Nein, ich sehe ernsthaft nicht, wo die Personalabteilung Risiken haben könnte.«

»Das müssen gar nicht Risiken sein, die Personalabteilung hat, sondern es können auch schlicht Risiken sein, die die Personalabteilung sieht.«

»Aha. Und was soll das sein?«

»Schlechte Nachrichten könnten die Fähigkeit des Flughafens beeinträchtigen, gute Mitarbeiter für sich zu gewinnen.«

»Welche schlechten Nachrichten?«, mein Gesprächspartner wirkt aufrichtig ratlos.

Ich spekuliere weiter: »Ja, schlechte Nachrichten könnten alles Mögliche sein von öffentlichen Mobbingvorwürfen über versuchte Vertuschungen bis hin zu Todesfällen durch Unfälle. Oder auch der Zusammensturz unseres Bürogebäudes zum Beispiel.«

»Also, für die Sicherheit der Gebäude muss der Bereich Liegenschaften sorgen, das ist nicht das Thema der Personalabteilung und das wird auch schon nicht passieren. Das ist doch auch jetzt alles unten mit Holzbalken abgestützt.«

Wir diskutieren noch etwas in der Richtung, bevor ich es mit einem leicht anderen Blickwinkel versuche: »Schlechte Nachrichten sind ein Ereignis, das erst mal eintreten muss, aber was ist zum Beispiel mit der demografischen Entwicklung? Die Bevölkerung wird immer älter und es werden immer weniger. Vor allem hier in Brandenb…«

»Ach, hören Sie auf, Demografie ist doch so ein scheiß Modethema. Genauso wie diese Klimaerwärmung. Sie sind jung und auch noch nicht so lange bei uns und ich will Ihnen was sagen: Der Flughafen ist ein sehr attraktiver Arbeitgeber mit gutem Betriebsklima und vielen Sozialleistungen.«

Der Personaler hat sich etwas in Rage geredet und ich staune: »Gutes Betriebsklima? Die letzte Mitarbeiterumfrage spricht da aber …«

»Tatsache ist doch, hier kündigt niemand, der Flughafen ist ein sicherer Arbeitgeber, und wir haben eine Kantine und andere Sozialleistungen. Eine Kegelbahn zum Beispiel. Welches Unternehmen hat schon eine eigene Kegelbahn?«

Eine Kegelbahn? Das ist mir neu. Wir kommen aber gar nicht viel weiter, bevor die Tür aufgeht, eine Kollegin den Kopf hereinsteckt und meinen Gesprächspartner fragt: »Es ist zwölf, wir laufen los, kommen Sie mit oder brauchen Sie hier noch?«

Der zögert nicht und antwortet: »Nein, ich komme mit.« Er schaut mich an und ergänzt: »Wir sind hier fertig.« Er packt seine Sachen zusammen.

Ich widerspreche: »Ich bin nicht der Ansicht, dass wir fertig sind. Wir sprechen über ein mittelgroßes Unternehmen mit 1.400 Mitarbeitern und wir behaupten, keine Risiken aus dem Personalbereich zu haben? Das glaubt uns niemand, das ist vollkommen unrealistisch.«

Mein Gesprächspartner steht schon an der Tür, eine Hand auf der Klinke. Er dreht sich zu mir um: »Sie sind Referent hier bei uns, richtig?« Er wartet die Antwort nicht ab. »Ich bin Leiter und ich sage Ihnen: Das ist schon immer so gewesen. Und das wird auch so bleiben: Keine Risiken aus der Personalabteilung. Ich muss los.«

Er verlässt den Raum und ich sitze alleine vor meinem Schreibblock. Die Sache mit der Kegelbahn gleiche ich gegen den Flurfunk ab und es scheint tatsächlich in Tegel eine zu geben. Beachtlich.

März 2011 – Der neunte Monat, fünf Monate bis zur Kündigung

Der Winter macht noch keine Anstalten, weiter zu ziehen. Es ist immer noch kalt und frostig, und der Wind zieht gefühlt ungebremst zwischen Fenster und Mauerwerk ins Büro. Die Heizung ist bis zum Anschlag aufgedreht und dennoch sitze ich an kalten Tagen im Mantel am Schreibtisch. An Dienstagen gibt es unsere controllinginterne Talkrunde, von der Projekteliste spricht aber niemand mehr. Einmal im Monat ist die Große Controllingrunde, dort ist ebenso alles unverändert, das Zentrale Controlling ist meistens vollständig anwesend und von den Dezentralen Controllern kommt, wer immer gerade nichts Besseres zu tun hat. Zum März gehört wie zu jedem anderen Monat an einem Freitag in der Monatsmitte auch die Besprechung mit Frau Meyer, zu der ich Torsten begleiten darf. Es gibt Tage, an denen ich keine Termine habe und an denen auch niemand anruft. Ich laufe morgens in mein Zimmer, koche meinen Kaffee und lese Zeitung im Internet. Später schaue ich nach den Kollegen oder plaudere ein wenig mit meinem Chef. Alex schaut regelmäßig auf einen Kaffee bei mir im Büro vorbei. Er hat noch immer keine eigene Aufgabe und setzt – wenn ich das richtig heraushöre – unseren Chef deswegen mächtig unter Druck. Ich bin regelmäßig mit Karl oder Hans oder Alex oder jeder beliebigen Kombination der Genannten zum Kaffee oder zum Essen verabredet oder fahre in der Mittagspause alleine irgendwo hin. Dann koche ich mir einen frischen Kaffee und lese online ein Buch oder höre etwas Musik vom Handy.

Nach solchen Tagen komme ich abends nach Hause und bin gereizt und müde. Das ist schwer nachzuvollziehen, aber es ist eine der Folgen des Nichtstuns auf Arbeit. Wer es nicht erlebt hat, wird es nicht verstehen, und alle Versuche, die Situation zu beschreiben, schlagen fehl. Geringe Auslastung im Beruf ist eines der Dinge, die von unserem Gehirn anders eingeschätzt werden, als sie im Erleben tatsächlich sind. Ich kann das sicher sagen, denn ich habe es erlebt, ich habe mit vielen gesprochen, die es auch erlebt haben, und ich habe mit vielen gesprochen, die es noch nie erlebt haben. Die ersten wissen um den Horror und die zweiten glauben nicht daran. Es ist wie der Obdachlose, der noch nie ein Zuhause hatte und den Gefängnisinsassen um seine Wände beneidet. Und genau die sind auch das Problem, die Wände, die einen einschränken auf einen Raum, der schon so genau bekannt ist; einschränken auf immer wieder dieselben Perspektiven, auf immer wieder dieselben kurzen Entfernungen; Wände, die über kurz oder lang jeden Geist einlullen und töten. Es ist wie ein weißes, milchiges, tumbes und kaltes geistiges Gefängnis. Ohne jeden Sinn und ohne jede Perspektive.

Vorfall des Monats: »The ORTI Incident«

Torsten kommt morgens in mein Büro, er ist gestresst und bittet mich um die Teilnahme an einem Meeting am späten Vormittag: »Das ist eine wichtige Veranstaltung zum Thema IRTP, dabei geht es um die Terminplanung zum ›BBI produktiv‹. Ich kann leider nicht teilnehmen, kannst du da für mich hin, bitte?«

»Klar, kein Problem. Worum geht es genau, gibt es irgendwas zu beachten?«

»Das weiß ich so konkret auch nicht, es ist das erste Meeting dazu. Ich leite dir den Termin weiter.«

Also gehe ich zur angegebenen Zeit zum angegebenen Besprechungsraum im Konferenzzentrum. Zu meiner Überraschung ist der Besprechungsraum riesig, groß wie eine Schulaula, und voll. Viele Kollegen sind da und die Stimmung ist wie vor einer Opernaufführung: Gedämpftes Gemurmel, Bekannte begrüßen sich und suchen ihren Sitzplatz. Es fehlen nur die Streicherklänge der Musiker, die ihre Instrumente aufeinander abstimmen, aus dem Orchestergraben. Nachdem sich schließlich alle gesetzt haben, betritt Doktor Nummer 2 die Bühne und es wird erwartungsvoll still im Raum.

Er begrüßt uns und fährt fort: »Sie wissen alle, wie wichtig das Thema IRTP im Vorfeld der Eröffnung des neuen Flughafens ist, und daher freue ich mich, dass Sie so zahlreich erschienen sind. Viel mehr kann ich jetzt auch gar nicht dazu sagen, die einleitenden Worte sollte mein Kollege Nummer 1 sprechen, aber der ist noch eben verhindert. Fangen wir also einfach an.«

Er setzt sich wieder und am Podiumstisch herrscht kurz Verwirrung, wer als nächstes sprechen soll. Man einigt sich auf einen jungen Mann im dunklen Anzug. Er trägt eine selbsttönende Brille und ich habe ihn noch nie gesehen.

Er kommt gleich zur Sache: »Ja, Nummer 2, ähm, Dr. Nummer 2 hat es schon gesagt, IRTP ist ein wichtiges Kernstück der Arbeit ›BBI produktiv‹ und wir haben nun auch lange daran gearbeitet.«

Ich wende mich leise an meinen Nachbarn: »Wer ist denn das?«

»Ich weiß nicht, ein Berater vielleicht?«

Von hinten beugt sich ein Kollege vor: »Ja, das ist einer von den IRTP-Beratern.«

Der IRTP-Berater fährt fort in seinen Ausführungen. Ich habe Schwierigkeiten zu folgen, bei mir kommt an, dass es um die Abstimmung von Terminen geht. Aus der Rede notiere ich mir für das nächste Bullshit Bingo die Worthülsen: monitoren, proaktiv, Ampel, Instrumentarium, sehr dezidiert, in Praxi, zielführend, Hut aufhaben, Synergie, kommunizieren, Szenario, Benchmark, fokussieren, zeitnah, Roadmap, Zeitleiste, Problematik und Transparenz sicherstellen.

Die Ausführungen werden jäh unterbrochen, die Tür fliegt auf und Nummer 1 betritt den Saal. Er schreitet den langen Weg von der rückwärtigen Tür bis zum Podiumstisch ab, seine Absätze klackern auf dem Boden, sie sind das einzige Geräusch im ansonsten gespenstisch ruhigen Raum. Nummer 1 begrüßt die Mitglieder des Podiumstisches einzeln mit Handschlag und leisem Flüstern und tritt dann an das Rednerpult. Der junge Mann mit der selbsttönenden Brille ist zwei Schritte in den Hintergrund ausgewichen.

»Liebe Kolleginnen und Kollegen, ich begrüße Sie zu dieser Zusammenkunft und danke Ihnen, dass Sie so zahlreich erschienen sind …« Nummer 1 liest seine Eröffnungsrede vom Zettel ab. Nach einigen Minuten schließt er mit einem Dank auch an die Berater und setzt sich.

Es ist wieder einen kurzen Moment lang ruhig, bevor der mutmaßliche IRTP-Berater vortritt: »Ja, im Ablauf haben wir jetzt dreißig Minuten für Fragen aus dem Auditorium vorgesehen …«

Es bleibt ruhig im Auditorium, schließlich hakt der Berater nach: »Also, was haben Sie für Fragen?«

Es bleibt wieder unangenehm lange still. Schließlich meldet sich ein Kollege zögerlich, er bekommt ein Handmikro gereicht und steht auf: »Ich wollte mal fragen, wofür steht IRTP eigentlich?«

Es entsteht eine kurze Pause, bevor der Berater antwortet: »Das hätten wir vielleicht proaktiv noch einmal kommunizieren sollen, IRTP steht für ›Integrierter Rahmen Termin Plan‹, also die Zusammenfassung aller Milestones der Roadmap bis zur Eröffnung des ›BBI produktiv‹.«

Nach kurzer Stille meldet sich ein anderer Kollege: »Das sagt mir gar nichts, was is'n das für'n Plan und wo kann ich den einsehen?«

»Der Plan ist geheim und kann nicht eingesehen werden. Wenn das jeweils für Ihre Arbeit wichtig ist, dass Sie Teile des Plans einsehen, dann können wir zeitnah in eine Einzelfalldiskussion einsteigen und schauen, wie wir mit der Problematik umgehen.«

»Woher soll ich denn wissen, ob der Plan wichtig für meine Arbeit ist, wenn ich ihn nicht einsehen kann?«

»Ok, sollen wir diese Frage kurz zurückstellen? Ich glaube, die Diskussion ist in diesem Kreis nicht zielführend.«

»Meinetwegen. Aber muss ich jetzt was machen oder kommen Sie auf mich zu?«

»Nein, wir gehen auf niemanden mehr zu, das Projekt ist abgeschlossen, wir haben alle befragt.«

Im Raum macht sich Verwirrung breit. Gemurmel erhebt sich.

Mein Nachbar schaut zu mir rüber: »Sind Sie befragt worden?«

»Nein, aber ich glaube, das ist für den Projekterfolg unerheblich.«

Mein Nachbar grinst, derweil der IRTP-Berater versucht, die Ordnung wiederherzustellen und sich Gehör zu verschaffen. Als es schließlich wieder etwas ruhiger ist, fordert die selbsttönende Brille: »Ja, also, vielleicht können die designierten IRTP-Ansprechpartner kurz aufstehen, damit jeder weiß, an wen er sich mit weiteren Fragen wenden kann.«

Zögerlich stehen eine Handvoll Kollegen auf.

Mein Nachbar beugt sich zu mir: »Was heißt denn ›die designierten‹?«

»Die Auserwählten«, antworte ich ihm und er wiederholt das langsam und betont, aber leise für sich: »Die Auserwählten!«

Inzwischen folgt schon die nächste Frage aus dem Kreis der nicht auserwählten: »Hat das Projekt IRTP einen Bezug zum Projekt ORTI?«

Unruhe macht sich breit, bevor die nächste Frage hochkommt: »Was ist denn nun ORTI?«

Später auf dem Weg nach draußen treffe ich den Chef von Claudia Lässer. Wir reichen uns wortlos die Hand, dann fragt er: »Wissen Sie, wer der junge Mann mit der Brille war?«

»Einer der IRTP-Berater, habe ich mir sagen lassen.«

»Verstehe.«

Er nickt mir zu und wir wenden uns in unterschiedlichen Richtungen den Wegen zu unseren Büros zu.

Zu dem Zeitpunkt würde ich die Situation dieses Tankers so skizzieren: Der Bug ist nur noch knapp über der Wasseroberfläche und die Welle kommt. Die Führungsmannschaft macht einen verwirrten Eindruck und die Matrosen haben keine Vorstellung davon, worum es gerade geht. Außerdem brennen überall Tannenbäume.

Tag des Monats, Mittwoch 185. Arbeitstag – Der Einführungstag

Irgendwann in den letzten Monaten muss mir die Fähigkeit abhanden gekommen sein, mich über das zu wundern, was mein Arbeitgeber an Skurrilitäten produziert. Das bemerke ich einige Zeit nach dem Erhalt einer E-Mail aus der Personalabteilung. Darin steht, ich sei zu einem Einführungstag eingeladen und es ginge darum, mir meinen neuen Arbeitgeber, den Flughafen, näher zu bringen. Das habe ich zunächst so hingenommen, bevor ich dann doch vorsichtshalber bei der Personalabteilung nachfragte, schließlich sei ich ja auch schon seit neun Monaten hier.

Ich bekam gesagt, das habe so alles seine Richtigkeit, der Einführungstag würde immer dann veranstaltet, wenn genug neue Mitarbeiter eingestellt worden seien, das könne schon mal dauern.

Heute nun ist es soweit, ich finde mich pünktlich um neun Uhr am Treffpunkt am Konferenzzentrum ein. Neben mir sind noch etwa dreißig weitere Mitarbeiter da, einige kenne ich schon.

Nachdem alle einen Sitzplatz gefunden haben, werden wir von zwei Mitarbeiterinnen der Personalabteilung begrüßt, die uns auch durch den weiteren Tag führen werden. Dann darf jeder erzählen, wer er ist, wo er herkommt und was er bisher gemacht hat. Irgendwie hatte ich gedacht, den Teil hätte ich hinter mir.

Es folgen verschiedene Vorträge über den Flughafen, seine Strukturen und seine Bereiche. Mittags lädt die Personalabteilung in die Kantine ein und anschließend wird die Feuerwache besichtigt. Der Leiter der Feuerwache beklagt, dass es trotz höherer Gehälter schwierig ist, für den Flughafen Feuerwehrleute zu bekommen, weil am Flughafen nie was passiert und die Feuerwehrleute wissen, dass Nichtstun auf Dauer langweilig ist. Das haben die Feuerwehrleute meinen Freunden voraus.

Höhepunkt des Tages ist die Bustour außen um das neue Terminal herum. Durch die beschlagenen Fenster hindurch kann ich zum ersten Mal verschwommene Details der Baustelle erkennen, so nah war ich ihr noch nie.

Das war vor allem ein kurzweiliger Tag. So etwas ist selten.

Risikomanagement, die Ausschreibung

Die weiteren Gespräche, die ich mit den Risikoverantwortlichen aus den Bereichen führe, lassen sich etwas verallgemeinert in zwei Gruppen einteilen. Die Gespräche mit Führungskräften laufen ab wie das Gespräch in der Personalabteilung: Es gibt keine Risiken. In Gesprächen mit Mitarbeitern werden einige Risiken und Bedenken geäußert, aber immer unter dem Vorbehalt der noch ausstehenden Zustimmung durch Führungskräfte. Spätestens danach gibt es zwar auch keine Risiken mehr, aber ich habe zumindest einen Einblick bekommen, wo der Patient Schmerzen hat. Eine weitere Diagnose ist dann zwar nicht mehr möglich und wird ja gar nicht gewünscht, oder besser: Es ist gar nicht mehr erforderlich, denn da ist ja nichts, das war ja nur ein Missverständnis. Das mag in Einzelfällen auch so sein, aber in der Summe ist es unwahrscheinlich. Unter ausreichend vielen Patienten ist irgendwann auch einer, der ernsthaft krank ist. Und ich werde ihn so nicht finden. Er wird zugrunde gehen, vielleicht sogar jämmerlich. Und alles nur aus Angst vor einer aufrichtigen Diagnose.

Ich kann verstehen, dass in einer Situation, in der nur wenige Risiken genannt sind, jeder zurückhaltend ist, mit neuen Risiken hervorzutreten. Da gibt es kaum etwas zu gewinnen. Dabei hat sich die Gesetzgebung in den letzten Jahren geändert und die Geschäftsführung und auch der Aufsichtsrat sind gut beraten, sich um ein funktionierendes Risikomanagement zu bemühen. Hermann-Josef Abs soll einmal gesagt haben, es sei einfacher, ein eingeseiftes Schwein am Schwanz festzuhalten, als einen Aufsichtsrat in die Haftung zu bringen. Damit mag er seinerzeit Recht gehabt haben, aber diese Zeiten sind inzwischen vorbei.

Torsten hat nächsten Monat einen Termin bei Nummer 1, er will das Thema ansprechen und ich darf auch mit. Vorher aber müssen wir noch die Ausschreibung für die Berater lostreten, da mache die Geschäftsführung Druck. Also bekomme ich den Auftrag, eine Ausschreibung für die Suche nach Beratern zum Thema »Verbesserung Risikomanagement« zu schreiben. Ich weiß nicht, von wem letztlich die Idee kommt, Berater dazu ins Haus zu holen und welche Erwartungen damit verbunden sind. Ich halte den Text der Ausschreibung daher allgemein und ich bin nicht stolz darauf.

Natürlich muss der allgemeine Text noch schnell von Torsten mit allen beteiligten Abteilungen abgestimmt werden und mit jeder Abstimmungsrunde sinkt das Lesevergnügen und steigt die Verwirrung. Als schließlich die Ausschreibung veröffentlicht wird, ist der aufgeblähte Beschreibungstext voll mit inhaltsleeren Füllworten. Vor meinem geistigen Auge laufen zwischen den Zeilen kleine rote Männchen herum und schwenken rote Fähnchen, einer hat sogar ein Megafon und brüllt: »Die wissen selbst nicht, was sie wollen!«

Trotzdem bekommen wir viele Angebote. Unter dem Ausschreibungstext steht, dass die Einkaufsabteilung Rückfragen beantwortet und dass Herr Torsten Baumgard Projektleiter ist. Ich finde das nicht sinnvoll und spreche Torsten darauf an, der ändert es sogleich, und ab da steht auf der Homepage des Flughafens als Projektleiter mein Name unter dem wirren Text der Ausschreibung »Verbesserung Risikomanagement«. Sicherlich ist das nicht gerade der strahlendste Moment meiner beruflichen Laufbahn.

Als ich wieder an meinem Schreibtisch sitze, fühle ich mich einfach müde. Es ist so tumb und so falsch. Ich verstehe gar nicht, wie ich hierher kommen konnte. Ich weiß gar nicht, warum wir das machen und ich habe das Gefühl, auch sonst weiß es niemand. Es interessiert auch niemanden. Aber ich bin Projektleiter. Dabei will ich gar nicht. Ich will nicht mehr. Ich weiß nicht, ich verstehe nicht und ich will nicht. Am liebsten wäre mir, das wäre alles nie passiert. Alles um mich herum ist grau, hoffnungslos grau, perspektivlos grau, ausweglos grau. Es ist wie ein dichter, feuchter Nebel in meinem Büro, ein nasser Nebel, beleuchtet vom kalten Licht der Neonröhren. Ich fühle eine Kälte wie eine eisige und tote Hand am Nacken. Eine Kälte, die unaufhaltsam in den Kragen kriecht.

April 2011 – Der zehnte Monat, vier Monate bis zur Kündigung

Es gibt ein neues Controllingprojekt in unserer Abteilung. Auf der Projekteliste auf dem Flipchart wäre das die Nummer 10, aber es ist dort nicht eingetragen. Aus Effizienzgründen, denn niemand nutzt die Liste. Immerhin hat das Projekt eine Priorität: Hoch. Das ist zwar nicht direkt festgelegt worden, aber bei neuen Projekten ist diese Priorisierung üblich. Es geht um die Verbesserung des Monatsabschlusses und aus der kleinen Controllingrunde weiß ich, dass Alex für das Projekt verantwortlich ist.

Bei einer der nächsten Kaffeerunden bei mir im Büro spreche ich ihn darauf an: »Was ist denn das für ein neues Projekt, an dem Torsten und du da dran seid?«

Alex weiß erst nicht recht, wovon ich spreche: »Was für ein Projekt, die Verbesserung des Monatsabschlusses?« Ich nicke und er fährt fort: »Torsten will den Monatsabschluss besser machen. Ich muss wohl irgendwann erwähnt haben, dass unser Monatsabschluss wenig brauchbar ist. Und ich habe wahrscheinlich ein Mal zu oft gefragt, was meine Funktion hier ist, was ich tun soll.«

»Das klingt nicht sehr begeistert«, werfe ich ein.

Alex zieht die Stirn in Falten: »Was soll mich daran begeistern? Mir ist gar nicht klar, was wir genau erreichen wollen.«

»Bist du nicht Projektleiter?«

»Projektleiter? Davon weiß ich nichts. Ich schaue nur die Folien von Torsten durch, ob die verständlich sind.« Alex nippt an seinem Kaffee. »Und ansonsten halte ich die Kerze.«

Er hat mich abgehängt, ich sehe ihn fragend an: »Die Kerze?«

»Ja, ich finde, wir sind wie eine wilde Horde von Barbaren, die durch ein finsteres Stollensystem irren. Niemand scheint sich auszukennen, und der einzige Grund, weswegen wir nicht ständig irgendwo gegenlaufen, ist das spärliche Licht meiner Kerze. Aber ich kenne diese wirren Stollen auch nicht, und ich weiß auch nicht, wo wir sind oder wohin wir wollen. Ich halte einfach nur die Kerze.«

Alex trinkt einen weiteren Schluck und schaut aus dem Fenster bevor er noch urteilt: »Aber Torstens Folien sind so weit ganz hübsch.«

Vorfall des Monats: die Beförderung

Frau Peter geht in zwei Monaten in Rente, das ist keine Überraschung. Umso mehr bin ich verwundert, als sie eines Tages zu mir ins Büro kommt und mich fragt, ob ich nicht ihre Nachfolge antreten möchte. Warum plötzlich ich, ich bin noch kein Jahr beim Flughafen? Warum überhaupt plötzlich, ihr Wechsel in die Rente steht seit 65 Jahren fest?

Naja, es habe Probleme bei der Nachfolge gegeben und es sei ihr wichtig, dass sie ihr Team in verantwortungsvolle Hände gibt und wegen meiner kurzen Dauer im Unternehmen solle ich mir keine Sorgen machen, sie habe das schon mit ihrem Bereichsleiter abgestimmt. Ich müsste nur dafür sorgen, dass Torsten das Vorhaben nicht torpediert.

Ich bitte mir etwas Bedenkzeit aus und wir vereinbaren, kommende Woche wieder darüber zu sprechen. Die Entscheidung fällt mir nicht leicht. Es ist klar, dass meine Situation nicht bleiben kann, wie sie ist. Die Frage ist daher, ob ich in einem größeren Umfeld und mit einem dickeren Schlauch Tannenbäume löschen möchte, oder ob ich mich lieber weiter nach einem seetüchtigen Tanker umsehe, auf dem die Arbeit auch in größerem Kontext sinnvoll ist.

Einige Tage später habe ich einen Termin bei Frau Peter im Büro und ich teile ihr mit, dass ich gerne die Nachfolge in Ihrer Stelle antrete. Ich habe mit Torsten gesprochen, und er ist zwar nicht begeistert wegen der vielen Arbeit, die ich erledige und die dann auf das restliche Team verteilt werden muss, wenn ich nicht mehr da bin. Aber er sieht es positiv, wenn er einen ehemaligen Mitarbeiter als Kollegen in einer Dezentralen Controllingabteilung hat.

Frau Peter ist über die Entwicklung in der Sache erleichtert und verspricht, Ihren Bereichsleiter zu informieren und ein gemeinsames Gespräch anzuberaumen. Darüber vergehen die nächsten beiden Wochen, der Bereichsleiter ist stark eingebunden. Die Besetzung einer der Stellen unter ihm ist jedenfalls nicht seine höchste Priorität. Bei dem gemeinsamen Termin schließlich spielt er gelangweilt mit seinem Blackberry herum, während eine junge Kollegin aus der Personalabteilung alle Mühe hat, dem Gespräch über die anberaumte Stunde zu helfen.

Zwei Tage später treffe ich einen Kollegen in der Küche mit der Mikrowelle, in der noch immer der Hamster vor sich hintrocknet.

»Hey, hast du schon gehört?«, eröffnet er das Gespräch. »Für die Frau Peter ist eine Nachfolgerin gefunden, die fängt schon zum nächsten ersten an!«

Es stellt sich heraus, mein Kollege hat recht: Es ist schon lange jemand gefunden, der Vertrag ist schon unterschrieben und der erste Arbeitstag ist der erste Mai. Frau Peter ist die ganze Sache sehr unangenehm, sie ist zum Schweigen angehalten, verrät mir aber immerhin, dass sie keine Ahnung hat, wer da kommt und wann dazu was vereinbart wurde.

In der Personalabteilung mag niemand zu dem Vorgang etwas sagen, das seien Personalangelegenheiten und Personalentscheidungen und bei solchen Dingen sei das eben so. Aber man habe da eine sehr erfahrene und gute Führungskraft für die Abteilung gewinnen können. Eine Top-Kraft. Das soll mich vermutlich versöhnlich stimmen, wenn da eine Top-Kraft gewonnen werden konnte, dann muss ich natürlich zurückstecken.

Ich frage mich, wie es möglich wäre, Mitarbeiter schneller zugrunde zu richten, wenn das als Ziel vorgegeben und aktiv verfolgt würde, anstatt es einfach nur dem gewöhnlichen Lauf der Dinge in diesem Unternehmen zu überlassen. Es ist ja immerhin davon auszugehen, dass die Prozesse im Moment nicht in dieser Hinsicht optimiert sind.

Der Flurfunk als Medium der Mitarbeiterinformation hingegen ist ausgesprochen gut entwickelt. Die Informationen sind sofort verfügbar und mir ist nicht bekannt, dass je Richtigstellungen hätten veröffentlicht werden müssen. Insofern ist es auch nicht weiter verwunderlich, dass es der Flurfunk war, über den ich am 1. Mai gegen elf Uhr darüber informiert wurde, dass die Top-Kraft nicht an ihrem Arbeitsplatz erschienen ist. Wird sie auch nicht mehr, erst Tage später wird es der Personalabteilung gelingen, die Top-Kraft telefonisch zu erreichen. Der Flurfunk weiß zu berichten, die Top-Kraft habe eine andere Stelle angetreten und sich gegen den Flughafen entschieden. Sie habe es nicht für nötig gehalten, die Stelle beim Flughafen abzusagen. Die Entscheidung gegen den Flughafen zeigt die Weitsicht der Top-Kraft, und die Form der Absage zeigt, wie gut sie zu uns gepasst hätte.

Tag des Monats, Montag, 203. Arbeitstag

Es ist zehn Uhr, ich habe schon frischen Kaffee gekocht und meinen Rechner aus dem Schlafmodus hochgefahren. Ich habe mich noch nicht hingesetzt, da steht Alex in der Tür. Er wirkt sehr müde.

»Guten Morgen Alex, du siehst aus, als könntest du einen Kaffee gebrauchen, der ist gerade frisch.« Ich warte seine Antwort gar nicht ab und schenke ein. Er zieht sich einen Stuhl heran und setzt sich meinem Schreibtisch gegenüber.

»Danke.« Er trinkt einen Schluck, steht auf, schließt meine Bürotür und setzt sich wieder.

»Ich habe ernsthaft das Gefühl, ich kann nicht mehr«, beginnt er und schließt eine kleine Pause an. »Ich habe immer noch nichts zu tun, außer hin und wieder irgendwelche Dinge, die so unwichtig und kleinlich sind, dass ich das gar nicht beschreiben kann. Dümmliche Folien durchzusehen ist alles, was hier anfällt. Mein Arbeitsleben ist vollkommen sinnlos, es ist absolut inhaltsleer. Ich sitze acht Stunden jeden Tag hier herum und es gibt nichts Sinnvolles zu tun.« Alex schaut aus dem Fenster. »Ich fühle mich wertlos.« Er schaut noch einige Atemzüge lang aus dem Fenster, bevor er einen weiteren Schluck Kaffee abtrinkt. »Und ich will auch gar nicht mehr mit unserem Chef darüber sprechen, ich habe einfach keine Lust mehr.« Alex sieht mich an. »Der Flughafen ist wie Treibsand, das wirkt alles glatt und eben, und dann sinkst du ein und denkst, das muss doch irgendwie weitergehen, und doch, je mehr du dich abmühst, desto mehr und mehr sinkst du ein. Und irgendwann sinkst du vollständig ein, niemand sieht dich mehr, niemand beachtet dich. Du bekommst keine Luft mehr, und dann ist da nur noch Wut und Verzweiflung und kalter, nasser Sand. Und dann irgendwann bist du tot.« Alex macht eine Pause und ich habe nichts, das ich dazu sagen könnte. »Aber vorher musst du dir auch noch den ganzen Unrat von Frau Moori anhören, tagein und tagaus immer wieder dieselben Geschichten.« Alex sieht in seine Kaffeetasse und ich kann seine Situation so gut verstehen, wie sonst vermutlich kaum jemand.

»Es hat ja keinen Sinn«, antworte ich ihm. »Wir können nur versuchen, durchzuhalten und möglichst schnell hier weg zu kommen.«

»Richtig, wir müssen hier weg. Es ist nur leider nicht hilfreich, dass ich abends so müde und erledigt bin, dass ich mich kaum aufraffen kann, Bewerbungen zu schreiben. Und niemand versteht das, noch nicht einmal meine Frau.«

»Ja, ich weiß«, gebe ich Alex recht, »das kann keiner nachvollziehen.«

»Und vor einem Jahr hätte ich das auch nicht nachvollziehen können.«

Risikomanagement, Nummer 1

Torsten hat einen Termin bei Nummer 1 bekommen und ihn mir weitergeleitet wie versprochen. Der Termin wurde dann noch einige Male verschoben und ein Mal kurzfristig abgesagt. Aber heute scheint es zu klappen. Wir haben jedenfalls nichts Gegenteiliges gehört und finden uns zur angezeigten Zeit in der Chefetage ein. Die Sekretärin von Nummer 1 empfängt uns, bringt uns in den Warteraum und bittet uns um einen kleinen Moment Geduld. Wir nehmen auf den schwarzen Ledersesseln Platz, und ich habe etwas Muße, mich umzusehen, edler Teppich und Ölgemälde, ins rechte Licht gerückt von Halogenspots. Wir haben die aktualisierte Version der Folien dabei, auf denen die Risiken aus dem Flughafenbetrieb für den Aufsichtsrat beschrieben werden, und wir nutzen die Zeit und sprechen die Folien ein weiteres Mal durch. Außerdem wollen wir das Thema der Risikokultur ansprechen. Als Aufhänger haben wir das Risiko »Wirtschaftliche Schwierigkeiten bei AirBerlin« aufgenommen. Dieses Risiko ist bisher noch gar nicht aufgeführt, und das ist eine selbst für Laien leicht erkennbare offene Flanke im Risikomanagement, denn die wirtschaftlichen Schwierigkeiten eines unserer größten Kunden ist Thema in allen Zeitungen. Zudem steigen bei der Flughafengesellschaft die offenen Forderungen gegenüber AirBerlin. Der Kunde zahlt nicht mehr regelmäßig, ein ernstes Warnzeichen. Auch das spreche ich mit meinem Chef ein weiteres Mal durch.

Schließlich ist eine halbe Stunde um und ich stelle mehr für mich fest: »Das dauert aber lange hier.«

Torsten schaut nachdenklich bevor er erwidert: »Es kann auch schon mal schnell gehen.«

»Wie, das klingt, als sei es normal, dass man hier herumsitzt und wartet?«

»Hmm, ja, so und so. Aber es ist nicht ungewöhnlich, sage ich mal.« Nach einigen Augenblicken fügt er hinzu: »Ich bin sicher, ich habe schon sehr viele Arbeitstage hier verbracht, in der Summe.«

»Warum ruft denn nicht die Sekretärin einfach an, wenn Nummer 1 soweit ist, unsere Büros sind doch keinen Steinwurf von hier?«

»Ja, die Idee gab es schon, aber die Geschäftsführung war dagegen, ich weiß nicht, was das Argument war.«

Na ja, für mich macht es keinen Unterschied, ob ich hier sitze oder unten. Aber das Argument kann die Geschäftsführung kaum für sich nutzen und auf alle übertragen, ohne gleichzeitig einzuräumen, dass es ein viel größeres Problem gibt.

Nach fast einer Stunde holt uns Nummer 1 persönlich in seinem Warteraum ab. Er begrüßt meinen Chef, mein Chef stellt mich vor und gemeinsam machen wir uns auf in das erste Büro im Haus. Zu meiner Überraschung ist es vergleichsweise klein. Die Möbel sind im Farbton »Buche Natur«, das kenne ich, war es doch erste Wahl in den Kinderzimmern meiner Schulfreunde. Rechts steht ein offenes Regal, vollgestellt mit allen möglichen Dingen, Werbegeschenke scheinbar, die bald das Problem mit Plastikmüll auf dieser Welt verschärfen werden.

Wir setzten uns links an den runden Besprechungstisch und Nummer 1 richtet das Wort an mich: »Sie kümmern sich jetzt also um das Thema Risikomanagement?«

»Ja, richtig, ich habe das Thema übernommen. Und ich habe Ihnen die überarbeiteten Folien für den Aufsichtsrat mitgebracht.« Ich reiche Nummer 1 eine Kopie über den Tisch und wir sprechen jedes Risiko kurz durch. Nummer 1 muss die Risiken dem Aufsichtsrat erläutern können. Schließlich kommen wir zum Risiko »Wirtschaftliche Schwierigkeiten bei AirBerlin«.

Nummer 1 liest sich das Risiko durch und fragt dann irritiert: »Was ist das denn?«

Bisher geht unser Plan gut auf, und ich antworte ihm: »Die AirBerlin steckt in wirtschaftlichen Schwierigkeiten, das geht durch alle Zeitungen. Wir bemerken, dass sich ihr Zahlungsverhalten verschlechtert, und daher ist …«

»Nein, Moment!« Nummer 1 reagiert genervt. »Wir bauen hier einen neuen Flughafen bald hauptsächlich für AirBerlin, wir können doch nicht jetzt sagen, die sind pleite und wir betonieren hier sinnlos Landschaft.«

»Doch, das sollten wir tun«, schaltet sich mein Chef ein.

Nummer 1 reagiert überrascht: »Wie bitte?«

Torsten erläutert seinen Punkt: »Wir sagen nichts, was nicht sowieso schon bekannt ist, und wir zeigen damit, dass wir uns auf die Situation einstellen.«

»Ja und dann? Sollen wir das halbe Terminal wieder abreißen oder was?« Nummer 1 ist verärgert und die Sache gerät außer Kontrolle. »Ich will von Ihnen beiden wissen, was das soll!«

Wir sind verunsichert und antworten nicht sofort. Nummer 1 hakt nach: »Was sollen wir denn tun, wenn AirBerlin pleite ist?«

Torsten gibt nicht auf: »Darum geht es doch zunächst gar nicht. Es geht darum, das Risiko als solches zu erkennen. Es muss ja gar nicht eintreten.«

Ich füge hinzu: »Eine gängige Reaktion ist, einen solchen Kunden auf Vorkasse umzustellen und die Zahlungseingänge kritischer zu überwachen.«

Davon will Nummer 1 nichts wissen: »Das ist Unsinn. Ich stelle mich doch nicht vor meinen Aufsichtsrat und erkläre, dass AirBerlin insolvent ist. Das Risiko kommt aus dem Bericht an den Aufsichtsrat raus. Und noch was: Wann kommen denn die

Berater zur Verbesserung des Risikomanagements?« Er sieht Torsten an.

»Die Ausschreibung läuft«, entgegnet der.

»Gut. Wenn die da sind, will ich mit denen sprechen. Die müssen wissen, was ich von denen erwarte, wenn die ihren Risikobericht über meinen Flughafen erstellen.«

Nummer 1 steht auf und reicht Torsten die Hand: »So, vielen Dank Ihnen beiden.«

Im Händeschütteln öffnet Nummer 1 die Bürotür und schließt eine kleine Drehung an, nach deren Abschluss sich Torsten im Vorraum wiederfindet. Das sieht flüssig durchchoreographiert aus und ich muss mich beeilen, hinterherzukommen.

Auf dem Rückweg laufen wir eine Weile schweigend nebeneinander, bevor ich das Gespräch eröffne: »Es ist falsch, was Nummer 1 gesagt hat.« Torsten schaut mich von der Seite an und ich fahre fort: »Der Flughafen gehört ihm nicht.«

Torsten lächelt.

»Der Flughafen gehört mir.«

Jetzt ist mein Chef überrascht: »Dir?«

»Ja, mir. Als Bürger der Bundesrepublik und zusätzlich noch mehr als Einwohner Berlins bin ich stimmberechtigter Gesellschafter dieses Unternehmens. Das ist mein Flughafen, und der Mann da oben muss eigentlich tun, was ich ihm sage. Aber das scheint er nicht mehr zu wissen.«

Mai 2011 – Der elfte Monat, drei Monate bis zur Kündigung

Jeden Tag steigt die Sonne höher, entwickelt mehr Kraft und verdrängt den Winter. Die Tage werden länger und wärmer, und zaghaft kommt das junge Grün. Frühling ist die Jahreszeit der Hoffnung, das Kalte, das Feuchte und das Farblose werden verdrängt und machen Platz für Neues. So ist es für die Natur, so ist es da draußen. Aber für mein Arbeitsleben beim Flughafen trifft das so nicht zu. Ich habe für Mai wenige Termine in meinem Kalender stehen, darunter die kleinen Controllingrunden jeweils dienstags und die Große Controllingrunde irgendwann in der zweiten Hälfte des Monats. Mein Kalender ist darüber hinaus weitgehend ungepflegt, er enthält viele Terminserien, die schon lange nicht mehr stattfinden und in meinem Kalender ein verwaistes Dasein führen.

Mittags bin ich allerdings gut ausgelastet, ich bin mit Kollegen zum Mittagessen verabredet, am besten irgendwo extern und in der Flughafenkantine nur, wenn die Kollegen darauf bestehen. Das Essen in der Kantine ist billig, in jeder Hinsicht. Wenn sich an einem Tag niemand gefunden hat, mit dem ich essen gehen kann, dann gehe ich alleine extern irgendwo im Süden Berlins. Seitdem ich mein eigenes Büro habe, interessiert sich sowieso niemand mehr dafür, wo ich den ganzen Tag bin. Außerdem hat sich gerade erst wieder Alex bei Torsten über mangelnde Aufgaben und geringe Auslastung beklagt, und ich habe das schon lange nicht mehr getan. Daher bin ich, wenn überhaupt, nur das kleinere Problem.

Eine wichtige Funktion von »Underlingen« beim Flughafen ist die, den Status des Abteilungsleiters zu dokumentieren. Je mehr Underlinge er hat, desto höher ist sein Status. Das ist vergleichbar mit den Streifen auf Militäruniformen. Studierte Underlinge sind Sternchen und zählen mehr als einfach nur ein Streifen. Torsten hat also fünf Sternchen und zwei Streifen, aber sowohl Sternchen als auch Streifen haben keine weitere Funktion und sind einfach nur da. Und während die der Abteilung zugeteilten Azubis vor Langeweile regelmäßig über ihrem Schreibtisch zu Staub zerfallen, hockt Torsten über irgendwelchen Folien. Vielleicht die für das neue Monatsberichtswesen, vielleicht aber auch zu einem ganz anderen Projekt. Ich weiß es nicht, und ehrlich gesagt interessiert es mich auch nicht. Hauptsache, ich muss nicht wieder dümmliche Folien über irgendwelche längst beschlossenen Landebahnsanierungen zusammenschieben.

Projekt des Monats: Urlaub

Ich habe Urlaub genommen und fahre aber nicht irgendwohin weg, sondern ich will in drei Wochen intensiv den Stoff meiner Fortbildung wiederholen. In den letzten Urlaubstagen habe ich dazu eine Prüfung in Frankfurt. In den Tagen meines Urlaubs bricht der Sommer aus, es wird erst warm und später richtig heiß. Ich sitze zu Hause und wiederhole konzentriert den Stoff der vergangenen Monate. Der Tagesablauf ist jeden Tag gleich: aufstehen, Frühstück, lernen, Mittagessen, lernen, joggen mit dem Hund, Abendessen, lernen und schließlich schlafen. Die Zeit vergeht rasend schnell, der Stoff ist herausfordernd und vielseitig, das Ziel ist klar: die Prüfung. Im Grunde ist ein erfülltes Arbeitsleben nicht so schwierig.

Es ist der Tag der Prüfung, ich bin schon gestern nach Frankfurt geflogen und sitze nun etwa eine halbe Stunde vor der Zeit im

Prüfungsraum. Neben mir sitzt ein etwa gleichaltriger, schlanker Mann in Jeans und Jackett. Wir kommen ins Gespräch, und er erzählt mir, dass er in Frankfurt in einer Konzernzentrale für die Abteilung »Mergers and Acquisitions« arbeitet.

»Das ist mein Traumjob, das wollte ich immer machen«, erzählt er. »Wir kaufen Unternehmen von denen wir denken, dass sie gut in unser Portfolio passen. Oder wir verkaufen Unternehmensteile, die nicht mehr zu unserem strategischen Kerngeschäft gehören. Von den ersten Gesprächen über die Due Dilligence bis zum Abschluss der Verträge bin ich dabei. Das ist sehr aufregend und vor allem auch sehr herausfordernd. Und was machst du?«

»Ich arbeite bei einer Gesellschaft im Zentralen Controlling und langweile mich mit meinen Kollegen zusammen durch den Arbeitstag. Es gibt nichts zu tun, und das liegt daran, dass die Struktur nicht mehr passt. Die wenige vorhandene Arbeit wird von den Dezentralen Controllern gemacht, und was dann noch übrig sein sollte, macht der Chef am liebsten selbst. Das sind dann hauptsächlich Folien. Deswegen bin ich übrigens hier, das Lernen für diese Prüfung verhindert, dass ich wahnsinnig werde.« Es folgen einige Minuten Schweigen. Mein Nachbar wirkt nachdenklich.

Schließlich sagt er: »Ja, so optimal läuft es bei uns auch nicht. Also, wir sind eine sehr große Abteilung und so viele Firmen kaufen oder verkaufen wir nicht. Ich könnte schon jeden zweiten Tag zu Hause bleiben, und es würde nicht auffallen.« Wir sehen uns im Prüfungsraum um, es sind bestimmt zweihundert Prüflinge hier.

»Wie viele von denen sind wohl hier, weil sie beruflich nicht ausgelastet sind«, werfe ich ein.

»Ich weiß es nicht«, entgegnet mein Gegenüber, »aber wenn ich vernünftig zu tun hätte, dann würde ich jedenfalls nicht auf die Idee kommen, nebenbei solches Zeug zu lernen.«

Da hat er Recht, das wäre bei mir nicht anders. Trotzdem bin ich sicher, dass die wenigsten hier ihre Situation zugeben würden. Zu geringe berufliche Auslastung hat ein großes Imageproblem.

Tag des Monats, Donnerstag 221. Arbeitstag – Der Flughafen in der Außenwirkung

Ich bin heute mit Karl zum Mittagessen verabredet. Wir besprechen kurz, wo wir Essen gehen sollen und er schlägt einen vietnamesischen Imbiss in der Nähe seines Zuhauses vor. Die Fahrt geht eine halbe Stunde durch die brandenburgische Landschaft bis zum neuen Marktplatz der Gemeinde Schultzendorf. Karl stellt den Motor ab und nimmt seinen Flughafenausweis ab.

»Du kannst deinen Ausweis auch im Auto lassen, wenn du willst«, schlägt er vor. Ich schaue verständnislos und Karl ergänzt: »Ja, ich wohne hier und viele wissen nicht, dass ich beim Flughafen arbeite.«

Ich lasse meinen Ausweis im Auto. Die Gemeinde liegt in der Einflugschneise der neuen Startbahn und der Marktplatz ist gepflastert mit Schildern gegen den Flughafen und gegen den Fluglärm. Eine ältere Dame verteilt Flugblätter mit einem Aufruf zu der nächsten Demonstration. Im Aufruf wird die Flughafengesellschaft der Lüge bezichtigt, die Anwohner seien getäuscht worden im Hinblick auf die Größe des Flughafens, die Lärmbelastung und die Flugrouten.

Meine Haltung zu den Flugrouten ist eine gelassene, mit jedem Verkehrsprojekt geht Lärmentwicklung einher. Deswegen will aber niemand darauf verzichten, den Onkel in Amerika zu besuchen oder für zwei Wochen auf die Kanaren zu fliegen.

Karl sieht das etwas anders, er erläutert: »Natürlich kommt mit dem Flugverkehr auch Lärm. Das ist nicht schön für die, die davon betroffen sind. Aber das ist nicht der Punkt. Der Punkt ist, dass dieser Flughafen als mittelgroßer Regionalflughafen geplant und auch genehmigt wurde. Davon ist aber schon lange keine Rede mehr, die Rede ist von einem internationalen Drehkreuz. Der zweite Punkt ist, dass der Flughafen sehr wohl und nachweislich davon wusste, dass die Flugrouten ganz anders verlaufen würden, als das nun der Fall ist. Das ist vertuscht worden, um den Planungsprozess nicht in die Länge zu ziehen, der Vorgang ist inzwischen öffentlich, die E-Mails dazu sind einsehbar. Dieser Punkt macht mich auch zu einem vom Fluglärm Betroffenen, obwohl ich mein Haus kürzlich erst gekauft habe und das sehr sicher sonst nicht getan hätte. Nun bin ich also betroffen und muss drittens feststellen, dass der Flughafen nur einen Billig-Schallschutz anbietet und nicht zu den Verpflichtungen steht, die sich aus dem Planfeststellungsbeschluss ergeben. Ich stelle also fest, die Flughafengesellschaft hat gelogen, was ihr Vorhaben angeht, sie hat vertuscht, was die Konsequenzen betrifft, und sie bricht das Gesetz in Hinblick auf ihre Verpflichtungen. Das sage ich dir ganz nüchtern als gut bezahlter Mitarbeiter des Unternehmens. Als Betroffener kann ich das auch in drastischere Worte kleiden. Eigentlich müssen wir uns für unseren Arbeitgeber schämen. Das Unternehmen ist gegenüber den Menschen in seiner Nachbarschaft gleichgültig. Bestenfalls gleichgültig.«

Da hat er Recht, bestenfalls gleichgültig. Und das nicht nur gegenüber den Menschen in seiner Nachbarschaft.

Das Risikomanagement, die Berater kommen

Das Thema »Verbesserung des Risikomanagements« hat hohe Priorität. Nicht die Form der hohen Priorität, die mit allen neuen Projekten zunächst mitkommt, sondern hohe Priorität in der Form für Projekte, die von der Geschäftsführung gewünscht sind.

Die Ausschreibungsfrist betrug nur zwei Wochen und es sind einige Bewerbungen eingegangen, ausnahmslos von den großen Wirtschaftsprüfungs- oder Beratungsgesellschaften. Eine solche Bewerbung hat den Umfang einer mindestens fingerdicken Mappe, oft ein mehrfaches davon. Darin ist erläutert, welche Erfahrung das Unternehmen auf den Gebieten »Risikomanagement« und »Flughafen« hat, wie grundsätzlich das Projekt aufgebaut sein könnte, welches Team aus der Beratungsgesellschaft entsandt würde (nebst Lebensläufen) und welche Kosten damit verbunden wären. Insgesamt geben alle gute Antworten auf eine Frage, die ich zwar formuliert habe, die ich aber im Grunde gar nicht kenne: Was wollen wir von denen?

Die vier preiswertesten werden zu einer Vorstellungsrunde eingeladen, die Termine werden vorgegeben, zwei vormittags und zwei nachmittags und jeweils durch eine halbe Stunde Zeit getrennt, damit sich die Teams nicht begegnen. Die erste Truppe am Vormittag hat keine Chance, sie sind viel zu teuer, und die Mappe war nicht überzeugend. Sie sind hier für uns zum Aufwärmen. Zu meiner Überraschung reisen sie mit großer Mannschaft an, das ganze Team ist aus allen Ecken Deutschlands eingeflogen, sieben Berater. Das vergrößert den Umsatz auf unserem Flughafen, und am Ende sind es doch auch nur Berater, da hat niemand Mitleid. Von unserer Seite ist der Flughafen mit einer vergleichbaren Mannschaft angetreten, neben mir und meinem Chef sind einige hochrangige Führungskräfte dem »Lenkungsausschuss Verbesserung Risikomanagement« beigetreten, das Projekt wird schließlich von der Geschäftsführung gewünscht und ist wichtig.

Alle vier Beratungsteams präsentieren sich ordentlich, alles andere wäre ja auch ausgesprochen traurig. Anschließend gibt es noch jeweils eine kleine Fragerunde, alle Teams bekommen dieselben Fragen und antworten darauf inhaltlich ähnlich. Das ist auch wenig überraschend, denn Risikomanagement ist in den zugrundeliegenden Ideen und Verfahren weder übermäßig komplex noch akademisch hochumstritten.

Eine zentrale Aussage in den Antworten ist: »Das Risikomanagement muss von der Unternehmensleitung gewollt sein und unterstützt werden. Und die Unternehmensleitung muss das wollen und unterstützen, weil sie sonst haftungsrechtliche Probleme bekommt.«

Damit ist alles gesagt, was wir wissen müssen. Nach der Fragerunde bekommen die Teams mitgeteilt, dass sie preislich weit über den anderen Anbietern liegen, also richtig weit, und dass sie im Laufe der nächsten Woche das Angebot mit diesem Wissen bitte überarbeiten mögen. Sieger der blutigen Preisschlacht ist das Team vom ersten Termin am Nachmittag mit fünf Beratern. Es wird beauftragt, bei der Flughafengesellschaft ab Mitte Juni das Risikomanagement zu verbessern. Ich habe dann noch einige bürokratische Hürden zu nehmen und muss für das Projekt ein Formular ausfüllen, damit im SAP ein PSP Element angelegt wird. Außerdem habe ich einen Projektantrag zu schreiben, einen Projektauftrag, eine Mittelumbuchung und einen Projektsteckbrief. Das muss alles mehrfach und von unterschiedlichen Menschen unterschrieben werden, ich weiß nicht mehr genau, warum. Vermutlich war das schon immer so.

Einen Raum für die Berater zu finden, ist gar nicht so einfach. Die zentrale Raumvermittlung jedenfalls hat keine freien Räume mehr zu vergeben. Ein befreundeter Abteilungsleiter hat mir schließlich unter der Hand einen Raum für einige Monate überlassen. Er braucht den Raum eigentlich nicht, aber wenn er ihn in die Raumvermittlung gibt, bekommt er ihn nie wieder zurück.

Einige Tage später habe ich in der Angelegenheit von meinem Chef eine E-Mail bekommen mit dem Hinweis, ich möge mich bitte um einen Raum für die Berater kümmern und darauf achten, dass mindestens fünf Sitzplätze und ein großer Tisch vorhanden seien.

Ist es nicht beruhigend, wie niedrig die Erwartungen sind an die Eigeninitiative der Mitarbeiter? Ich finde es auch schön, dass sich niemand irgendwelche Illusionen macht über die geistigen Fähigkeiten der Menschen, die hier arbeiten. Richtig, ich brauche also für die Berater einen Raum. Die können ja schlecht auf dem Parkplatz hocken. Und dann natürlich werden für die fünf Berater Stühle benötigt, vier Stühle. Nein, fünf! Fünf Stühle für fünf Berater, dann passt das, dann hat jeder einen. Und dann … dann brauchen wir noch was … was war das noch … eine Küchenspüle? Nein. Stofftiere für alle? Nein, auch nicht. Mensch, was war das noch … Stuhl und … Ich komme da noch drauf, keine Sorge.

Juni 2011 – Der zwölfte Monat

Schon der letzte Monat hatte einige warme Tage und es scheint, dass die Sonne an kritischen Stellen die Erinnerung aufgetaut hat daran, was eigentlich im letzten Jahr in der Planung vorgesehen wurde, nämlich die einsturzgefährdeten Büros mit Klimaanlagen auszurüsten.

Ich kann nicht beurteilen, ob es dazu langwierige Verhandlungen gegeben hat oder nicht. Aber jedenfalls gehen nun die Bauarbeiten los, die Mannschaft scheint gut organisiert und arbeitet sich den Flur entlang. Anfangs ist die Baustelle einige hundert Meter von meinem Büro entfernt und ich kann sie am fernen nördlichen Ende des Flurs erkennen, wenn ich vor meinem Büro stehe. Aber sie wird in den nächsten Tagen zügig vorankommen, bis schließlich mein Zimmer an der Reihe ist. Zunächst wird alles in der Mitte zusammengeschoben und mit einer großen Plane bedeckt. Am folgenden Tag passiert nichts, oder jedenfalls nichts für mich Erkennbares. Dann versinkt alles zwei Tage lang im Chaos, mit grobem Gerät werden Wände durchbrochen, Rohre und Kabel verlegt und neue Fenster eingebaut. Am fünften Tag schließlich wird alles angeschlossen, das Zimmer gereinigt und die Plane entfernt. Die Möbel schiebe ich mir selber zurecht, den Computer schließe ich wieder an.

Während der Bauarbeiten habe ich mich in unseren Nummer-7-Raum verzogen und ohne meinen PC gearbeitet. Ich habe keinen Laptop, die gibt es nur ab Abteilungsleiter. Ich kann nicht behaupten, dass ich in diesen Tagen mit meiner Arbeit in Verzug gekommen wäre, ich habe schlicht die mir übertragenen Aufgaben gut im Griff.

Ich will hoffen, dass sich jemand im Vorfeld zum Einsatz der groben Maschinen Gedanken darüber gemacht hat, ob die Bausubstanz den Eingriff auch mittel- und langfristig übersteht. Strategische, wirtschaftliche oder organisatorische Überlegungen hat es meines Wissens im Vorfeld zu der teuren Maßnahme nicht gegeben. Also bleibt die Frage ungeklärt, wie lange die Mitarbeiter in den aktuellen Büroräumen bleiben sollen, welche organisatorischen Konsequenzen das nach der Eröffnung des neuen Flughafens hat und welche wirtschaftlichen Auswirkungen sich daraus ergeben. Der ganze Vorgang ist lediglich politisch motiviert, die Geschäftsführung hat dem Betriebsrat Zugeständnisse gemacht und irgendeine Motivation für die Handlung wird es schon geben. Im Grunde kennt man das aus der Szene der Auto-Tuning-Freunde, das Vehikel rostet an tragenden Teilen, und dennoch wird für teures Geld eine neue, hochwertige Stereoanlage oder eine schicke Unterbodenbeleuchtung verbaut. Bei der nächsten Fahrt über die Kasseler Berge quittiert die Karre den Dienst. Das ist dann blöd, denn Geld für die Reparatur ist jetzt auch keins mehr da. Außenstehende finden dann immer das Konzept wenig überlegt und das Ergebnis kaum überraschend. Aber die Tuningfreunde sehen das natürlich regelmäßig ganz anders.

Mit den Klimaanlagen haben die Räume auch neue Fenster bekommen ebenso wie elektrische Außenrollos zur Beschattung, je Fenster eins. Die Bedienung der Rollos erfolgt über einen Drücken-und-Halten-Schalter und während ich dann da stehe und den Schalter drücke, fährt das Rollo provozierend langsam in die von mir gewünschte Position. Wenn ich zufrieden bin, kann ich um meinen Schreibtisch herumlaufen und die Prozedur für das andere Fenster wiederholen. Warum sind keine Drücken-und-Einrasten-Schalter verbaut worden? Das ist wie die Quadratwurzel aus einer Million, das weiß niemand.

Die Klimaanlage selbst habe ich nie bedient, es ist schon Herbst, als schließlich alles soweit eingebaut und angeschlossen ist und zu dem Zeitpunkt habe ich schon wieder die Heizung laufen. Allerdings gab es für die Klimaanlage einen Probelauf und ich kann sagen, die Klimaanlage kühlt besser als die Heizung heizt: Mein Büro wird während des Probelaufs an diesem frostigen Herbsttag zum Tiefkühler.

Projekt des Monats: Zahlen der Flughafen Energie und Wasser

Die Gesellschaft Flughafen Energie und Wasser ist ein Energieversorger nicht nur für den Flughafen selbst, sondern auch für alle Fremdfirmen auf dem Flughafengelände. Die Gesellschaft hat keine eigenen Mitarbeiter, sondern leiht sich im Bedarfsfall Mitarbeiter von der Flughafengesellschaft. Die »Medien«, die die Gesellschaft verkauft, also Energie, Wasser, Abwasser, bezieht sie selbst wieder von externen Firmen. Jedenfalls soweit diese nicht selbst hergestellt werden, wie das beim Strom der Fall ist. Bestimmte Mengen werden von der FEW in einem eigenen Kraftwerk hergestellt, allerdings in einer Kooperation mit einer externen Firma. Der Strom – um beim Beispiel zu bleiben – wird dann an die Flughafengesellschaft verkauft, ein Geschäft zwischen Tochterfirmen, das als Intracompany-Beziehung in der Buchhaltung besonders berücksichtigt werden muss, weil es im Grunde ein Geschäft »mit sich selbst« ist. Den Strom, den die FEW in der Kooperation hergestellt hat und den sie an die Flughafengesellschaft verkauft, liefert sie durch das Stromnetz des Flughafens. Dieses Stromnetz gehört aber nicht der FEW, sondern der Flughafengesellschaft, muss also von der FEW Intracompany von der Flughafengesellschaft gemietet werden, bevor es der Flughafengesellschaft inklusive kleiner Marge in Rechnung gestellt werden kann. Die Flughafengesellschaft trägt diese Kosten zum Teil selbst, zum Teil verrechnet sie die an externe Unternehmen auf dem Flughafengelände weiter. Soweit jedenfalls die externen Firmen nicht gleich direkt mit der FEW einen Belieferungsvertrag geschlossen haben.

Die Struktur der FEW, die Vertragsbeziehungen, die steuerlichen und rechtlichen Auswirkungen, die Zahlungsströme, das sind komplexe Themen, von denen ich ernsthaft bezweifle, dass irgendjemand dazu den Überblick hat. Das Unternehmen ist ein Zombie, es existiert nicht körperlich, es lebt in den Gedanken und Vorstellungen vieler Menschen und es läuft irgendwie. Aber warum und wohin, entzieht sich logischem Denken. Die FEW ist einer der größeren Tannenbäume, seine Äste reichen in alle Bereiche und sehr viele Mitarbeiter sind damit zugange. In solchen Situationen kann davon ausgegangen werden, dass der Baum auch irgendwo in Flammen steht. Es ist wie in einem fahrenden Auto, in dem niemand die Verantwortung für Richtung und Geschwindigkeit hat. Das kann nur eine Zeit lang gut gehen und dann nicht mehr.

Bei der FEW geht es langsam nicht mehr gut. Die Planung lief letztes Jahr bestenfalls unkoordiniert, und nun hat das Unternehmen von Monat zu Monat größere Abweichungen zwischen den geplanten Werten und dem tatsächlich erwirtschafteten Ergebnis. Bisher hat das noch niemanden gestört, aber diesen Monat hat die Differenz eine beachtliche Größe erreicht, so dass das Problem selbst in unseren wirren Monatsberichten als echter Ausreißer auftaucht.

Irgendwann wird vielleicht jemand auf mich zukommen und mich fragen, warum die FEW so stark von dem geplanten Ergebnis abweicht. Nach der gescheiterten Einstellung der Top-Kraft ist weiterhin Frau Peter verantwortlich für das Ergebnis der FEW. Ich rufe sie an, leider ohne konkreten Erfolg.

»Ja, wissen Sie, so richtig kann ich mich um die FEW nicht kümmern, wir haben viel zu wenig Mitarbeiter und ich kann nicht alles machen. Die FEW läuft nebenher, da interessiert sich auch keiner richtig für. Sie können aber auch den Bereich

Liegenschaften anrufen, Teile der Nebenkosten werden ja dort erstellt.«

Ich telefoniere mich also im Bereich Liegenschaften bis zu der Kollegin durch, die sich um die Planung der Nebenkosten für die FEW kümmert. Sie ist sehr hilfsbereit und erzählt mir im Detail, von welchen Kollegen sie sich die Werte wiederum zuschicken lässt.

Dort wiederum erzählt man mir dann: »Ja, diese monatliche Abfrage, ich weiß schon. Tja, was soll ich da sagen, ich weiß ja auch nicht, was unsere Mieter in dem jeweiligen Monat an Strom verbraucht haben. Also schicke ich einfach einen Wert zurück, von dem ich denke, das könnte so etwa hinkommen. Manchmal passt es auch. Früher habe ich einfach den Planwert zurückgeschickt, aber das fällt gelegentlich auf und dann gibt es nur Rückfragen.«

Ist es eigentlich auch eine »schlanke Organisation«, wenn gar nichts organisiert ist? Dafür jedenfalls läuft es im Grunde hervorragend.

Das Ergebnis der FEW ist im weiteren Verlauf meiner restlichen Zeit beim Flughafen immer weiter von den geplanten Werten abgewichen, der Ausreißer wurde von Monat zu Monat größer. Aber nachgefragt hat deswegen nie irgendjemand.

Tag des Monats, Donnerstag 256. Arbeitstag

Die Vorgänge um meine Beförderung auf die Position von Frau Peter hatten mich so erzürnt, dass ich Torsten um ein Mitarbeitergespräch gebeten habe. Das ist dann über Wochen und aus den verschiedensten Gründen nicht zustande gekommen und schließlich immer wieder verschoben worden. Nun ist aber heute die Gegenwart erstaunlich nah an den noch immer nicht von heute Nachmittag wegverschobenen Termin gerückt. Als ich das bei dem morgendlichen Blick in meinen Kalender bemerke, bin ich zunächst neutral erstaunt und mache mir darüber aber keine weiteren Gedanken. Und das zu Recht, denn im Verlauf des Vormittags erfahre ich über den Flurfunk, dass Torsten heute Nachmittag in Tegel ist.

Ich spreche meinen Chef darauf an: »Torsten, ich habe eben gehört, dass du heute Nachmittag in Tegel bist? Das passt dann nicht mit unserem Mitarbeitergespräch, oder?«

Torsten wirkt zunächst verunsichert, er schaut in seinem Kalender nach: »Ja, richtig, dein Mitarbeitergespräch. Macht es dir etwas aus, wenn wir das verschieben?«

Also haben wir den Termin unbestimmt verschoben. Das nächste Gespräch mit Torsten, das in die Nähe kam, so etwas zu sein wie ein Mitarbeitergespräch, war meine Kündigung.

Risikomanagement, die Berater sind da

Zur Monatsmitte beziehen die Risikoberater ihre neue Heimat für die kommenden Monate. Der Raum ist etwas abgelegen im Hauptgebäude unter dem Dach und eine sehr ausgewogene Mischung aus einem etwas heruntergekommenen Besprechungsraum und einem Lager für alte Akten. Allerdings gibt es ein kleines Fenster.

Das Team besteht weiterhin aus fünf Beratern, aber die Anwesenheit beim Flughafen wird – so bekommen wir erläutert – natürlich sinnvoll beschränkt auf die Kollegen, die benötigt werden. Im Moment sind das drei Berater, ein Leiter des Teams und zwei Arbeiter, ein Junior und ein Senior. In diesen ersten Tagen des neuen Beratungsprojektes ist die Verunsicherung groß, was nun eigentlich zu tun sei.

Nummer 1 hat unmissverständlich klar gemacht, dass er die Berater vorab sprechen will, und das ist nun vorrangig. Vorher irgendwas anzufangen, scheint nicht sinnvoll. Leider ist die Terminfindung nicht ganz einfach, zieht sich einige Tage hin.

Der Termin wird mehrfach abgesagt und verschoben, bevor die Zusammenkunft schließlich gelingt. Das Gespräch findet dann statt zwischen ausgewählten Beratern und Nummer 1, dessen Sekretärin den übrigen Projektbeteiligten klar macht, dass ihre Teilnahme nicht erforderlich sei.

Gleich nach dem Gespräch machen sich die Berater an die Arbeit. Es geht zunächst darum, zu erfassen, wie das Risikomanagement beim Flughafen funktioniert, welche Berichte es gibt, welche Prozesse und welche Richtlinien. Dazu lassen sich die Berater alles zuschicken, was an Unterlagen vorhanden ist, und sprechen mit jedem, der mit dem Risikomanagement zu tun hat. Das Ergebnis dieser sehr ausführlichen Erhebung geht schließlich in einen Statusbericht ein, der einige Wochen später im Lenkungskreis vorgestellt wird.

In dem Bericht steht unter anderem, dass der Aufsichtsrat dem Thema Risikomanagement nicht die notwendige Aufmerksamkeit zukommen lässt, dass es ein Problem mit der Risikokultur im Unternehmen gibt, dass die Baustelle nicht berücksichtigt wird und dass die Abteilung Risikomanagement mit nur einem Mitarbeiter der untersten Hierarchiestufe kaum vernünftig aufgestellt ist. Ja, Letzteres hatte ich mir auch schon gedacht, dass das so nicht bleiben kann. Es ist natürlich sehr erbaulich, dass die Berater das ebenfalls so sehen. Vielleicht sind die doch nicht so schlecht, wie ich dachte.

Zunächst aber rückt nun wieder der Termin näher, zu dem ich die Folien für die nächste Aufsichtsratssitzung abgeben muss. Im Vorfeld zu dem ganzen Projekt »Verbesserung Risikomanagement« erscheint es mir nicht sinnvoll, die Prozesse und Berichte anzupassen, wie ich das noch im Dezember vorhatte. Also bleibt erstmal alles, wie es ist. Ich verschicke die E-Mail und bitte um Aktualisierung der Risiken. Die Gespräche mit den Bereichen allerdings führe ich fort, der Juniorberater ist immer mit dabei. Er stellt durchaus gute Fragen, aber die Anwesenheit eines externen Beraters führt zu grundsätzlich stark gebremster Bereitschaft, über mögliche Risiken zu sprechen. Dennoch kommen Risiken hoch, die das Potential haben, ernste Probleme zu sein: Möglicherweise sind Auflagen zum Vogelschutz nicht erfüllt, der Boden um die Tankstelle herum könnte verseucht sein, vielleicht ist in einigen Hallen in Tegel Asbest verbaut, die über Jahrzehnte verwendeten Löschschäume in Tegel könnten den Boden dort verseucht haben, die Kreditlinie für den Bau des neuen Flughafens könnte nicht ausreichend sein, vielleicht ist der Schallschutz nicht ausreichend, vielleicht müssen die Flächen am Baufeld Ost weiter abgeschrieben werden, und so weiter. Die Risiken werden genau ein Mal genannt und dann rasch als Missverständnis oder Irrtum re-evaluiert.

Juli 2011 –
Der dreizehnte Monat

Der Vorhang geht auf und gibt den Blick frei auf meine kleine Bühne. Ich sitze in meinem Büro, und mir gegenüber sitzt der Leiter einer anderen wichtigen Abteilung der Verwaltung des Flughafens. Er sitzt hier, weil er einen Termin mit meinem Chef hat, Letzterer aber gerade nicht in seinem Büro ist. Bis sich diese Situation ändert, schlägt er die Zeit tot. Eben haben wir uns über das letzte Wochenende ausgetauscht, nun schickt er sich an, mir von seinem Problem zu erzählen.

Zunächst seufzt er und schaut aus dem Fenster, dann setzt er an: »Ich weiß gar nicht, wie ich das nächste Woche machen soll, da werden bei uns die Fenster und Klimaanlagen eingebaut. Wo sollen denn meine Mitarbeiter hin? Im Grunde ist das unverantwortlich, in der momentanen Situation und bei der hohen Arbeitsbelastung bei uns in der Abteilung!«

»Bei mir hier gegenüber der Arbeitsplatz ist frei, da können Sie zumindest einen unterbringen«, schlage ich vor.

Er schaut ungläubig, überlegt kurz und willigt dann ein: »Vielen Dank, darauf komme ich zurück!«

»Gerne.«

»Gut. Ich sehe dann mal nach, ob Torsten inzwischen wieder da ist«, sagt er, verlässt meine kleine Bühne und zieht die Tür hinter sich zu.

Eine Woche später komme ich morgens in mein Büro und am Schreibtisch mit gegenüber sitzt ein junger Kollege und ist dankbar, dass er nicht im Lärm und Staub sitzen muss. Am Schreibtisch lehnt ein klappbarer Tretroller.

Wir stellen uns vor, dann zeige ich auf seinen Tretroller: »Was machst du denn damit?«

»Damit spare ich jeden Tag 40 Minuten zwischen der S-Bahn und meinem Zuhause und der S-Bahn und meinem Arbeitsplatz. Willst du mal ausprobieren?«

»Na klar!«, ich klappe das Gefährt auseinander und drehe auf dem Flur meine ersten vorsichtigen Runden. Ich bekomme Tipps hinterhergerufen »Rücken gerade!« oder »Den Tretfuß auf der Bremse ruhen lassen!«. Der Tretroller macht Spaß und fast gebe ich ihn nicht mehr zurück.

»Schöne Sache«, sage ich. »Vor allem bei den endlos langen Gängen hier.«

Mein Kollege nickt. »Was machst du denn hier so?«, will er von mir wissen.

»Ich?«

»Ja, was ist deine Aufgabe?«

Ich denke kurz nach und sage dann, »Ich glaube, meine wichtigste Aufgabe ist, die Abteilung hier personell zu vergrößern.«

Mein Kollege lacht, »Das habe ich so noch nicht gehört, aber ich glaube, das ist die wichtigste Aufgabe vieler Mitarbeiter in der Verwaltung des Flughafens.«

Der Roller wird später zum Ausgangspunkt einer kleinen Fehde. Es beginnt alles damit, dass der Kollege gezwungen wird, an seinem Gefährt eine Klingel anzubringen. Dann ist eines Tages an der Glastür zu unserem Flur ein A4-Farbausdruck befestigt, darauf ist das Piktogramm eines Rollers im durchgestrichenen roten Kreis. Ich kann das nicht nachvollziehen, denn natürlich ist selbst ohne Zettel Tretrollerfahren überall verboten, wo es nicht ausdrücklich erlaubt ist. Wir sind schließlich in Deutschland. Wenige Tage später hängt unter dem Piktogramm ein weiterer Ausdruck: »Bitte hier ohne Genehmigung keine Zettel anbringen«. Die doppelte Verneinung macht mir Schwierigkeiten bei der Einschätzung, was genau jetzt erlaubte Handlungsoptionen sind. Einige Tage später schließlich hängt an der Glastür ein dritter Zettel: »Bei allen Ausdrucken sind die Schriften und Farben des Flughafens zu verwenden! – gez. Ihre Marketingabteilung«.

Ja, richtig, die Flughafenfarben sind ja jetzt rot statt blau.

Projekt des Monats: Der größte Stau aller Zeiten

Ein Jahr Flughafen. Das ist kein Grund zum Feiern, finde ich. Karl, Hans und Alex sehen das vollkommen anders und daher gibt es heute nicht nur Kaffee, sondern auch Streuselkuchen zu unserer Besprechung. Wir sind im alten Büro von Nummer 7 zusammengekommen, ich stehe mit einem Stück Kuchen am Fenster und kann in der Ferne durch den Regen schemenhaft die Baustelle des neuen Flughafens erkennen. Deswegen bin ich hier und doch habe ich sie nie von innen gesehen. Meine Frau hat heute morgen bemerkt: »Vor einem Jahr haben deine Augen geleuchtet. Heute siehst du müde aus, finde ich.«

Ich fühle mich auch müde. Ich drehe mich um, Karl sitzt im Chefsessel und verzehrt die letzten Bissen seines Kuchens, er hat die Füße auf dem Schreibtisch von Nummer 7. Alex und Hans hocken vor dem großen Flachbildschirm und versuchen, ihn in Gang zu setzen, aber er scheint nicht angeschlossen zu sein.

»Was ist das Problem mit uns, warum sind wir so schlecht?«, die Frage gebe ich in die Runde. Hans und Alex schauen vom Fernseher auf, Karl hört auf zu kauen.

»Ich meine, im Ernst, dieses Unternehmen ist eine Katastrophe und ich bin Teil davon. Wir alle sind Teil davon. Wir sind Teil dieses unprofessionellen, unorganisierten, unstrukturierten und gleichgültigen Haufens.«

Hans steht auf, läuft zu der Kaffeekanne und schenkt sich nach: »Erinnerst du dich daran, als vor einigen Jahren ein schwerer Unfall auf der Berliner Stadtautobahn den morgendlichen Berufsverkehr in der ganzen Weststadt zum Erliegen gebracht hat? Wir wollten alle zur Arbeit, es gab keine richtigen Informationen, wir haben alle versucht, uns irgendwie auf Schleichwegen durchzuwurschteln. Am Ende standen alle im Stau. Bis in die kleinsten Nebenstraßen hinein ging nichts mehr. Natürlich waren wir alle Teil des riesigen Staus, aber wir waren nicht der Grund dafür. Der Grund für das ganze Chaos ist an der ganz vorderen Stelle.« Hans setzt sich an den Besprechungstisch und fügt dann noch hinzu: »Ich kann nicht beurteilen, in welchem Umfang der Aufsichtsrat oder die Geschäftsführung schuld sind. Aber ich bin sicher, das Problem ist zu großen Teilen irgendwo dort.«

Karl verlässt seinen Platz hinter dem Schreibtisch und kommt an den Besprechungstisch: »Es gibt einige Indizien, die die Geschäftsführung belasten. Dass die beiden Jungs sich nicht verstehen, etwa. Oder dass alles über deren Schreibtische gehen muss und keine Verantwortung delegiert wird.«

»Hinzu kommt aber die politische Ausrichtung des Unternehmens, das muss der Aufsichtsrat gegen sich gelten lassen«, ergänzt Hans.

»Wo siehst du da das Problem?« Alex hat sich neben den Fernseher auf den Boden gesetzt und lehnt mit dem Rücken an der Wand.

Hans antwortet ihm: »Aus politischer Sicht ist hier alles in Ordnung, wenn alles ruhig ist. Das ist der Grund, warum schlechte Nachrichten unterdrückt werden. Überhaupt ist es der Grund für unsere Geheimniskrämerei. Solange alles geheim ist, muss sich niemand vor den Bürgern rechtfertigen. Folglich benehmen wir uns wie ein Untergrundunternehmen, wir benehmen uns, als würden wir mit Drogen handeln. Dabei sind wir ein Infrastrukturunternehmen, wir sind Monopolist und wir gehören den Bürgern. Was wir tun, müsste detailliert vorab im Internet stehen.«

Ich stehe noch immer mit dem Rücken zum Fenster: »Wenn ich durch unsere Hallen laufe, kann ich mir nicht vorstellen, dass wir nicht auch bei den Mitarbeitern Problemfälle haben.«

Hans nickt: »Ohne jedwede Zweifel haben viele schon ihr Fahrzeug quer zur Fahrtrichtung geparkt, es geht ja sowieso nicht weiter. Aber je kleiner die Nebenstraße, in der das passiert ist, desto geringer sind auch die Auswirkungen. Vielleicht gibt es wirklich viele solcher Fälle, aber die werden wir auch erst erkennen, wenn die Autobahn wieder frei ist.«

Tag des Monats, Montag 263. Arbeitstag

Ich habe es mir inzwischen zur Gewohnheit gemacht, morgens den etwas längeren, aber deutlich schöneren Weg durch das Land Brandenburg zum Flughafen zu wählen. Ich erreiche den Flughafen dann irgendwann zwischen neun und viertel nach neun, und dazu sagt niemand etwas. Als außertariflicher Mitarbeiter muss ich nicht stempeln, und seit ich mein eigenes Büro habe, kann sowieso keiner beurteilen, wann ich komme und wann ich gehe. Wann würde es bemerkt, wenn ich gar nicht mehr käme? Nach einem Tag? Vielleicht nach zwei? Also fahre ich gelassen durch Brandenburg dem entgegen, was andere Arbeit nennen würden und was sich bei mir anfühlt wie der Termin zu einer ungewissen und schmerzhaften Operation. Wenn ich zu spät bin, dann unterbricht irgendein Regionalzug in einem kleinen Dörfchen in Brandenburg meine Weiterfahrt für 15 Minuten. Ich stehe dann an der geschlossenen Schranke, stelle den Motor ab und schaue in die Landschaft. An solchen Tagen bin ich dann erst gegen halb zehn im Büro. Und so ist es auch heute.

Ich erwecke mit einer Bewegung der Maus meinen PC aus dem Schlafmodus. Neue E-Mails habe ich keine. Ich koche einen Kaffee und gieße mir ein. Draußen ist schönes Wetter, die Sonne ist schon ziemlich kraftvoll. Eine Maschine der EasyJet rollt im Hintergrund vorbei, vermutlich zum Start. Ich lese die FAZ im Internet. Die EasyJet startet, nah am Horizont taucht sie zwischen Bäumen auf und zieht in den blauen Himmel hinauf. Ich sehe ihr nach bis der kleine Punkt mehr Fantasie ist als optischer Eindruck.

Ich schaue bei Torsten ins Büro, er hat eine Besprechung mit anderen Abteilungsleitern und winkt mir kurz zu. Ein Büro weiter gibt es Obst zum Frühstück. Ich gehe zurück an meinen Schreibtisch und schaue in Torstens Online-Kalender. Seine Besprechung geht bis elf Uhr, dass so etwas früher fertig ist, hat man hier noch nicht gesehen.

Es ist zehn vor elf. Vor meinem Fenster auf dem Rollfeld ist es ruhig. Gelangweilt stöbere ich durch die Akten in den Schränken bei mir im Büro. Wozu überhaupt das Drucken, Lochen und Abheften gut sein soll, habe ich keine Vorstellung. Wer will in diesen Bergen von schlecht beschrifteten und uralten Ordnern irgendetwas finden? Wer würde überhaupt vermuten, dass irgendetwas genau hier abgelegt ist, wo selbst ich keine Vorstellung davon habe, welche Informationen in diesen Altpapiergletschern begraben sein könnten? Auf den Ausdrucken sind Berge von Zahlen, zum Teil uralt, Planwerte in den verschiedensten Versionen. Angesammelt in jahrzehntelanger, sinnloser Beschäftigung von denkenden Menschen.

Die Tür geht auf und Alex kommt rein. »Was machst'n da?«, fragt er.

»Ich vermute in diesen antiken Schriften Hinweise auf das Bernsteinzimmer«, erwidere ich.

Alex steigt nicht darauf ein, er ist sauer: »Ich habe mich schon wieder mit Frau Moori in den Haaren.« Er zieht sich einen Stuhl heran.

»Was ist denn passiert?«, will ich wissen.

»Ach, gar nichts ist passiert, es ist einfach nicht so, dass irgendetwas passiert. Frau Moori ist eine Psycho, total irre. Eine selbstverliebte, rechthaberische Egomanin. Ständig bekommen wir uns in die Haare, andauernd fühle ich mich von ihr provoziert. Ich kann gar nicht sagen, wie sie das macht, aber ich platze innerlich, jeden Tag. Und dann platze ich irgendwann auch äußerlich. Ich weiß nicht, warum so jemand hier noch arbeiten darf, sie versteht sich mit niemandem. Jeder fragt mich, wie ich es mit ihr in einem Büro aushalte. Seitdem ich hier bin, habe ich von jedem diese Frage zu hören bekommen.«

Ja, die Frage kenne ich auch. Alex lässt weiter Frust ab, während ich mich um frischen Kaffee kümmere. Irgendwann ist er durch und sieht traurig aus dem Fenster.

Er trinkt einen Schluck von seinem Kaffee und guckt mich direkt an: »Und ich habe immer noch nichts zu tun, gar nichts, nada! Ich komme morgens hier her und ich weiß nicht, womit ich mich den ganzen Tag beschäftigen soll. Und nicht nur habe ich nichts zu tun, ich habe auch die Hoffnung aufgegeben, dass sich daran etwas ändern wird. Ich habe mit Torsten inzwischen drei Mal gesprochen und ich glaube, er kann es einfach nicht ändern. Bestenfalls bekomme ich irgendwelche Folienpräsentationen, die er mir stolz vorlegt und die ich dann darauf durchsehen soll, ob alles ›stimmig‹ ist. Oder ich darf ihn auf Besprechungen begleiten und das Protokoll führen. Ich glaube ich spinne, ehrlich, was für ein mieser Arbeitgeber!«

Risikomanagement, der Betriebsrat

Nachdem letzten Monat der Zustand des Risikomanagements erhoben und dokumentiert wurde, legen die Berater diesen Monat mit den Verbesserungen los. In Vorabgesprächen in kleiner Runde werden Verbesserungen vorgenommen an den Unterlagen und an der Bewertungssystematik, also an den Kategorien der Schadenshöhe und Eintrittswahrscheinlichkeit der Risiken. Anschließend wird mit jedem Bereich ein sogenannter Risikoworkshop abgehalten. »Workshop« ist ein Begriff aus der Beratersprache und bedeutet Arbeitstreffen. An diesen Workshops nehmen neben mir zwei oder drei Berater teil, gelegentlich mein Chef und aus den Bereichen jeweils der Risikoverantwortliche. Jedenfalls am Anfang. Dann spricht sich schnell herum, dass das »große« Runden sind und die Bereiche treten auch mit zwei oder drei Kollegen an. Die Risikoworkshops sind ausgesprochen weitschweifige und zähe Veranstaltungen, die sich über mehrere Wochen verteilen und an deren Ende eine Liste mit dutzenden kleinteiligen Risiken steht, die meisten davon wieder aus der Kategorie »Höhere Gewalt«. Und warum auch nicht, schließlich haben wir nichts verändert an der Risikokultur, also am Bewusstsein für Risiken oder dem Umgang damit im Unternehmen. Das hätten wir zuerst machen müssen. Ich ärgere mich über meinen Fehler. Wofür sind eigentlich die Berater da, den Fehler hätte ich auch ohne die machen können. Es sollte nicht der einzige bleiben.

Aber als nächstes geht an die Berater die Frage: »Wie können wir die Risikokultur im Unternehmen verbessern?« Die Berater sagen zu, nach einer Lösung zu suchen. Außerdem weisen sie drauf hin, dass es ganz sinnvoll wäre, den Betriebsrat in das Projekt einzubinden. Vermutlich hätten wir auch das besser vor den Workshops gemacht, aber besser spät als nie.

Einer der Betriebsräte sitzt auch im Aufsichtsrat, und das finde ich eine gute Gelegenheit für ein Gespräch. Also suche ich die Durchwahl heraus und rufe an. Nach einigem Klingeln nimmt eine Kollegin ab und lässt mich wissen, der Herr Betriebsrat sei außer Haus, aber ich könne die Mobilnummer haben. Auf der erreiche ich ihn nach kurzem Klingeln. Er reagiert gereizt auf mein Anliegen, er könne jetzt nicht, er sei auf einer Konferenz. Von wem ich überhaupt die Nummer hätte?

Er beendet das Telefonat mit folgendem Satz: »Lassen Sie uns dazu ein anderes Mal telefonieren.« Der Satz stimmt mich nachdenklich: Was bedeutet er im Hinblick auf die übliche Festlegung: »Wer macht was bis wann?«

Ich schätze, der Satz bedeutet: »Ab sofort macht niemand mehr irgendwas.«

Und daran haben wir uns gehalten, ich habe nicht mehr angerufen und der Betriebsrat hat das Projekt in Ruhe gelassen.

August 2011 – Der vierzehnte Monat

Endlich ist es so weit, dem Flughafen ist es gelungen, die nach der Kündigung von Nummer 7 monatelang freie Stelle neu zu besetzen. Nummer 7b tritt am 1.8. in die Dienste dieses Unternehmens und wird am selben Tag der Belegschaft vorgestellt. Der Vertrag ist schon vor einigen Wochen abgeschlossen worden und dieser Abschluss wurde als freudige Nachricht im Unternehmen verbreitet. In dem Zusammenhang kam auch die Einladung von der Geschäftsführung zu dem Vorstellungstermin.

Eine weitere erfreuliche Nachricht ist, dass der neue Bereichsleiter nicht in das Büro seines Vorgängers zieht und niemand uns das »Büro Nummer 7« streitig macht, in dem Alex, Hans, Karl und ich uns regelmäßig treffen. Ich weiß nicht, welche Fäden Hans da gezogen hat und ob es den Raum in den offiziellen Büchern überhaupt noch gibt. Unsere Fragen in dieser Richtung werden nie irgendeine Antwort erhalten.

Hans bringt auch regelmäßig ganze Platten mit Schnittchen oder Kuchen und Kekse mit und wird uns nie beantworten, wo er die Sachen her hat. Heute aber hält er triumphierend den Geschäftsbericht der Flughafengesellschaft in die Höhe, als er unseren Besprechungsraum betritt, wie immer als Letzter: »Guckt mal, was ich uns besorgt habe!«

Ich bin enttäuscht und kann das schlecht verbergen: »Das ist der Geschäftsbericht 2010, der steht auch im Intranet.«

Karl wird deutlicher: »Kannst du nicht noch eben irgendwo Schnittchen klarmachen?«

Hans lässt sich nicht beeindrucken. Er zieht sich einen Stuhl am Kopfende des Besprechungstisches heran und blättert das

Werk auf: »Naja, Alex sagte neulich, die wirtschaftliche Situation unseres Arbeitgebers sei so schlecht, und da habe ich halt mal nachgesehen.« Er orientiert sich kurz und hat dann schnell die Seite gefunden: »Hier, Seite 49, fette Überschrift, 109 Millionen Euro Ergebnis, das ist doch nicht schlecht!« Er hält uns die Seite entgegen.

Alex steigt gleich darauf ein: »Das ist das EBITDA, das Ergebnis vor – unter anderem – Zinsen und Abschreibung. Das ist, als würdest du deinen Eltern erzählen, wie viel Geld du jeden Monat sparst, wenn du keine Miete und keine Rate für dein Auto zahltest. Das ist vollkommen sinnlos theoretisch.« Alex tritt an den Besprechungstisch heran und blättert im Geschäftsbericht einige Seiten weiter. »Hier, in der Gewinn- und Verlustrechnung, Zeile 17: Jahresüberschuss sind vier Millionen Euro. Bei einem Umsatz von 500 Millionen Euro und bei den ganzen Sondereffekten ist das praktisch Null. Und das war letztes Jahr. Je mehr wir dort drüben bauen«, Alex deutet mit dem Daumen über die Schulter auf den neuen Flughafen, »desto mehr Kredite brauchen wir, desto mehr Zinsen zahlen wir und desto mehr Abschreibungen werden anfallen. Wir machen schon längst Verluste in Millionenhöhe, auf die absehbare Zukunft und auf Kosten der Steuerzahler. EBITDA ist einfach nur Show.«

Einige Augenblicke ist es still, Hans studiert die anderen Zahlen aus der Gewinn- und Verlustrechnung seines Arbeitgebers. Schließlich ergreift Karl das Wort: »Wisst ihr, was auch noch ›Show‹ ist?« Er wartet unsere Antwort nicht ab und fährt fort: »Meine Chefin hat ihr Bürotelefon so eingestellt, dass Anrufer nach drei mal Klingeln auf ihr Handy weitergeleitet werden, und wenn sie dort auch nicht antwortet, geht es weiter auf die Mailbox. Und jetzt kommt der Clou: Wenn ihr jemand auf die Mailbox spricht, dann wird die Mailbox sie in regelmäßigen Abständen anrufen und an die nicht abgehörte Nachricht erinnern. Und zwar auf dem Bürotelefon! Bei meiner Chefin klingelt es den ganzen Tag und jeder denkt

Wunder, wie beschäftigt die Frau ist. Ist das nicht witzig?« Karl strahlt in die Runde.

Alex ist nicht seiner Meinung: »Das ist nicht witzig, das ist traurig.«

Ich stimme ihm zu: »Das ist sehr traurig.«

Karls freudiger Ausdruck fällt sogleich in sich zusammen: »Ihr habt recht, es ist traurig.«

Tag des Monats, Montag 283. Arbeitstag

Der kaufmännische Bereich, alle Mitarbeiter von Nummer 7b, sind eingeladen, den neuen Bereichsleiter heute Nachmittag persönlich kennen zu lernen. In der E-Mail wird darauf hingewiesen, dass die Zusammenkunft eine dienstliche Veranstaltung ist. Folglich finden sich also alle zukünftigen Mitarbeiter von Nummer 7b zur angegebenen Zeit im angegeben Konferenzraum ein. Es ist ein sehr heißer Tag und ich schwitze unter meinem dunklen Jackett.

Es sind keine Stühle vorgesehen, wir müssen stehen. Ich schaue mich im Raum um, viele Kollegen habe ich noch nie gesehen. Der Standort in der Raummitte scheint unbeliebt zu sein, die Kollegen stehen dichter zu den Seitenwänden und zu der Rückwand. Vor letzterer ist ein Buffet aufgebaut, belegte Brötchen liegen da und kämpfen auch gegen die Hitze.

Schließlich betritt Nummer 1 den Raum, ihm folgt ein hagerer und langer Mann mit schlankem Gesicht und dunklen Haaren, Nummer 7b. Nummer 1 eröffnet das Treffen und spult seine Rede ab wie jemand, der für alle Gelegenheiten die passenden Redebausteine im Gedächtnis abgespeichert hat. Die Ansprache zieht sich, es wird immer heißer in dem vollen Raum und mir steht der Schweiß auf der Stirn. Den anderen geht es nicht besser. Ich glaube nicht, dass irgendjemand großartig in die Rede reinhört. Endlich ist Nummer 1 fertig und Nummer 7b arbeitet sich durch eine sehr holprige Rede, die rasch mit dem Satz endet, das Buffet sei eröffnet. Ich bin da schnell wieder raus an die frische Luft.

Projekt des Monats: Umzug

Eines Nachmittags kommt Alex in mein Büro und fragt mich, ob ich damit einverstanden sei, wenn er hierher umziehe und zukünftig bei mir im Büro sitzt. Das hatte ich ihm mehrfach angeboten. Ich wusste schließlich, was er durchmacht und ich wusste auch, dass er es irgendwann annehmen würde. Warum hat er für die Entscheidung so lange gebraucht? Wir haben nie darüber gesprochen, ich vermute aber, es waren dieselben Gründe, die mich so lange davon abgehalten haben, damals in das leere Nachbarbüro zu ziehen. Es ist das Gefühl, nicht durchgehalten zu haben, aufgegeben zu haben, das Feld der Psychopathin überlassen zu haben, das einen so lange zurückhält.

Die neue Situation hat viele Vorteile. Nicht nur ist es einfach kurzweiliger zu zweit im Büro, auch anderes lässt sich optimieren. Alex schließt morgens das Büro auf und fährt meinen PC hoch, abends fahre ich seinen PC herunter und schließe das Büro zu.

Risikomanagement, zurück auf »los«

Das Telefon klingelt, und auf dem Display lese ich den Namen von Nummer 7b. Das hätte es früher nicht gegeben, dass mein Bereichsleiter einfach über meinen Chef und seine Hierarchiestufe hinweg bei mir anruft. Nummer 7b möchte wissen, ob ich kurz in sein Büro kommen kann und da spricht nichts dagegen. Ich laufe hoch und seine Sekretärin winkt mich gleich durch. Nummer 7b beendet eben noch sein Telefonat und bedeutet mir, am Konferenztisch Platz zu nehmen. Wir begrüßen uns und seine Sekretärin erkundigt sich, wie ich meinen Kaffee möchte (viel Milch, viel Zucker).

Nummer 7b kommt zügig zur Sache: »Nummer 1 hat mich darüber ins Bild gesetzt, dass bei mir im Bereich Berater damit beauftragt sind, um hier festzustellen, dass es also keine Risiken im Unternehmen gibt, die wir nicht kennen. Das ist Nummer 1 wichtig.«

»Ja, das ist richtig, wir haben Berater da, um das Risikomanagement zu verbessern.«

»Wenn ich richtig verstehe, sind Sie der Projektleiter?«

»Ja, das bin ich.«

Nummer 7b steht auf, sucht nach einem Ordner auf seinem Schreibtisch und kommt damit zurück. »Kennen Sie das hier?«

»Ja, das ist der Statusbericht, den die Berater zum Anfang des Projektes erstellt haben.«

»In diesem Bericht steht sinngemäß drin, dass der Aufsichtsrat seinen Job nicht macht!«

Nummer 7b ist unzufrieden und ich versuche, die Wogen zu glätten: »In dem Bericht steht, dass der Aufsichtsrat sich möglicherweise nicht bewusst ist, dass das Thema Risikomanagement nicht die notwendige Aufmerksamkeit erfährt.«

»Wie kommen denn die Berater zu der Einschätzung?«

»Ich weiß nicht, wie die zu der Einschätzung kommen, aber ich bin der Ansicht, dass die Einschätzung richtig ist.«

Nummer 7b schaut mich eine Weile lang an, es entsteht eine längere Pause bevor ich gefragt werde: »Und wie kommen Sie darauf?«

»Ich weiß, dass in der Aufsichtsratssitzung die Folien in kaum drei Minuten durchgesprochen werden. Es kommen keine Rückfragen zu den Risiken, und ich kann ausschließen, dass es an der Qualität der Berichte liegt. Und schließlich scheint dem Aufsichtsrat nicht aufzufallen, dass wir kein Risiko aus der gegenwärtigen wirtschaftlichen Situation der AirBerlin ableiten, obwohl das durch alle Zeitungen geht und das unser größter Kunde ist.«

»Das ist doch alles Spekulation. Was der Aufsichtsrat tut und wie er arbeitet, das können Sie doch gar nicht beurteilen. Und ich werde ganz sicher keinen Bericht aus meinem Bereich genehmigen, in dem steht, dass der Aufsichtsrat seine Aufgabe nicht erfüllt.« Nummer 7b schlägt den Bericht auf: »Ich will mit Ihnen den Bericht durchgehen, da stehen noch andere Dinge drin. Und dann will ich mit den Beratern darüber sprechen, kümmern Sie sich bitte um einen Termin.«

In der anschließenden Stunde hat Nummer 7b den Bericht zerpflückt. Der Bericht war sicherlich nicht besonders gut, aber deswegen nicht inhaltlich falsch. Die Angelegenheit ist über die nächsten Tage eskaliert und schließlich musste der verantwortliche Partner der Beratungsgesellschaft anreisen und den Bericht verteidigen. Er hat das auch ziemlich gut gemacht und zum Beispiel gefragt, ob der Aufsichtsrat sich je angesehen hätte, wie das Risikomanagement funktioniert? (Nein) – Oder erkundigt, wie es funktioniert? (Nein) – Oder sich mit dem verantwortlichen Risikomanager unterhalten? (Nein) – Sich nur Folien anzusehen, sei jedenfalls nicht ausreichend.

Trotzdem wird der Bericht überarbeitet und entschärft und die Sache mit dem Aufsichtsrat wird nicht mehr erwähnt.

September 2011 – Der fünfzehnte Monat

Der September dieses Jahr ist etwas heller als der September letztes Jahr. wenn auch nur aus dem Grund, dass ich mit Alex in einem Büro sitze und wir uns nett unterhalten und Kaffee trinken können. Das mildert etwas die trostlose Gesamtsituation. Natürlich nur geringfügig, denn am Ende erschlägt die schiere Masse an verfügbarer Zeit die Momente kurzweiliger Unterhaltung. Selbst beste Freunde können sich nicht 40 Stunden lang in einer Woche angeregt unterhalten. Und dabei bleibt es ja nicht, es folgt die nächste Woche und dann wieder eine und dann immer noch eine weitere.

In allen anderen Aspekten ist die Situation unverändert im Vergleich zum September letzten Jahres. Das Wetter trübt sich langsam ein, die Tage werden kürzer, kälter und regnerischer. Derweil läuft die Planung über das Unternehmen hinweg und ebenso wie letztes Jahr auch habe ich keine brauchbare Vorstellung davon, wie das Vorgehen geplant ist, was der Stand ist und was meine Aufgabe ist. Selbstverständlich ist »Luft ausmassieren« wieder Thema und irgendwie passiert das auch irgendwo in dem ganzen Gewirr an Besprechungen zwischen mir und meinen Bereichen und Torsten oder mir und den Bereichen ohne Torsten oder zwischen Torsten und meinen Bereichen und ohne mich oder zwischen meinem Bereichsleiter und dem Bereichsleiter meiner Bereiche und mit oder ohne Torsten oder ganz allgemein zwischen irgendwelchen Leuten und irgendwelchen anderen Leuten.

Wenn ich nicht selbst dabei bin, erzählt mir oft Torsten, was besprochen wurde. Manchmal erzählt mir aber auch Frau Meyer, was sie gehört hat, was die Bereichsleiter unter sich besprochen haben wollen. Dann kann ich Torsten befragen, und entweder er weiß direkt was dazu oder er muss selbst bei Nummer 7b, seinem Chef nachfragen. Ich kann es aber auch lassen, denn richtig relevant ist das ohnehin selten. In dem ganzen Chaos beachtet auch niemand mehr irgendwelche Abgabetermine, die ziehen nur mit einem leisen Rauschen vorbei und das ist es auch schon. Die Bereiche gärtnern einfach weiter an ihren Planungsbäumen herum und ziehen sie zu neuer Pracht und Größe heran. Und am Ende ist das auch notwendige Kompensation für alles, was mangels Pflege staubtrocken in Flammen aufgeht und zu Asche zerfällt.

Torsten stellt regelmäßig in nächtlicher Fleißarbeit die Bäume zu einem Wald zusammen und kümmert sich um die richtige Darstellung in einer immer wieder aktualisierten, umfangreichen Folienpräsentation für die höheren Ränge. Als Zeichen des guten Willens bleiben wir auch etwas länger, vielleicht eine halbe Stunde oder so. Aber zu tun gibt es trotzdem nicht viel, manchmal braucht Torsten irgendeine Information aus den Bereichen für seine Folien. Dann rufen wir den Bereich an und fragen, und dann rufen wir Torsten an und geben die Antwort.

Ein einziges Mal spricht Torsten das an. Er ist bei uns im Büro und hat eben Alex mit einer Frage beauftragt. Dann sagt er: »Ich verstehe eigentlich nicht, warum ich immer abends so lange hier sitze und Ihr seid dann schon …« An der Stelle bricht er ab.

Vielleicht fürchtet er sich vor der Antwort. Die Frage aber hat durchaus Potential, ich verstehe es nämlich auch nicht.

Projekt des Monats: meine Kündigung

Im September ist D-Day, der Tag der Entscheidung, der Tag meiner Kündigung. Drei Monate Kündigungsfrist zum Quartalsende stehen in meinem Arbeitsvertrag und wenn ich zum Jahresende hier raus will, dann muss ich im September kündigen. Ich habe meine Kündigung schriftlich dabei, als ich gegen Ende September zu Torsten ins Büro laufe und um ein kurzes Gespräch bitte.

Wir setzen uns an seinen Besprechungstisch und ich eröffne gleich im ersten Satz, dass ich meine Kündigung einreiche. Eine Begründung ist nicht erforderlich, aber ich halte es für sinnvoll und füge daher eine hinzu. Wenn sich eine finden lässt, die keinen Bezug zum Chef oder zum Unternehmen hat, dann wirkt sich das ganz positiv auf die Stimmung in den verbleibenden drei Monaten aus. Torsten ist trotzdem schockiert, eine Kündigung sei ihm noch nie vorgekommen. Er ist ratlos. Ich reiche ihm mein Schreiben. Er bestätigt darauf den Empfang und gibt mir eine Kopie. Von hier aus geht der Prozess ganz geregelt, es gibt keinen Streit, es gibt keine Probleme, ich bin noch drei Monate da und dann eben nicht mehr. Dass es so reibungslos läuft, ist ganz sicher die Ausnahme und dem Flughafen und Torsten hoch anzurechnen. Vielleicht liegt es daran, dass so wenige Mitarbeiter kündigen. Die es doch tun, gelten dann als kuriose Sonderlinge und werden interessiert betrachtet. Etwa so wie Schimpansen im Zoo, sie sind uns irgendwie ähnlich und doch ganz anders.

Warum andererseits soll das Unternehmen nicht auch gelassen sein in Situationen, in denen Gelassenheit die richtige Haltung ist? Mitarbeiter kündigen und ziehen weiter, das ist ein normaler Vorgang und es ist schade, dass das außerhalb des Flughafens oft so nicht gesehen wird.

Tag des Monats, Mittwoch 320. Arbeitstag

Der Tag der monatlich stattfindenden Großen Controllingrunde. Ich muss an diesem Tag früher aufstehen, die Controllingrunde beginnt schon um neun und ich will nicht zu spät kommen. Die Kollegen aus den anderen Abteilungen sehen das gelassener und trudeln nacheinander ein oder kommen einfach gar nicht. Absage ist nicht nötig, einfach nicht zu kommen reicht vollkommen aus.

Ich schaffe es eigentlich immer pünktlich um neun in den Besprechungsraum. Meistens ist zu dem Zeitpunkt die Zentrale Controllingabteilung vollständig und von den dezentralen Abteilungen ist auch schon die eine oder andere arme Seele da. Kurz nach neun eröffnet Torsten die Besprechung und wirft mit dem Beamer die Agenda an die Wand. Die Überschrift lautet »Große Controlling Runde«, der Untertitel folgt »Große C Runde«. Darunter sind dann zwischen zwei und vier Tagesordnungspunkte aufgelistet, der letzte davon ist immer »Sonstiges«. Heute findet sich davor noch der Punkt »Monatsabschluss«. Torsten erläutert dazu, dass die Qualität der Monatsberichte sich verbessern müsse. Das ist schon ziemlich weit draußen, denn mir ist gar nicht klar, wer sich überhaupt für den Bericht interessiert. Dass sich von unserer Abteilung niemand an irgendeine Rückfrage zu dem Bericht erinnern kann, ebenso wie das inzwischen ordentlich aus dem Ruder gelaufene Ergebnis meiner FEW sind zwei Indizien dafür, dass es so viele nicht sein können. Warum sollte sich da auch irgendjemand für interessieren? In unserem Monatsabschluss ziehen wir von unseren Einnahmen einige wahllose Ausgaben ab und nennen das Ergebnis das EBITDA, das Ergebnis vor Steuern, Abschreibungen und Zinsen. Wenn das immer noch nicht gut genug ist, bereinigen wir das um »Sondereffekte«. Dann vergleichen wir dieses EBITDA mit dem EBITDA, das wir uns vor zwölf Monaten, in der chaotischen Planung letztes Jahr, für den September 2011 überlegt haben. Und dann beschreiben wir im Detail die Abweichungen. Das ist dann also so etwas wie die Abweichung zwischen einem nicht relevanten Wert und einem zwölf Monate alten Phantasiewert.

Torsten redet noch immer, ich schaue mich im Raum um. Die Kollegen sitzen schlaff in ihren Stühlen und schauen aus dem Fenster oder zerstreuen sich mit irgendwelchem Krickelkrakel auf ihrem Schreibblock. Ich bin nicht der einzige, der hier gekündigt hat. Ich bin allerdings der einzige, der tatsächlich geht.

Vor mir auf dem Tisch liegt ausgedruckt dieselbe Folie, wie sie auch an die Wand projiziert ist. Rechts von mir sitzt Alex, er schaut auch auf meine Folie, dann beugt er sich zu mir herüber: »Endlich finden wir den Mut, auch darüber zu sprechen!«, flüstert er und tippt auf den Punkt »Sonstiges«.

Ich nicke und lächele: »Ja, richtig: Endlich!«

Wir schauen beide nachdenklich auf die Folie. Schließlich greife ich nach einem Stift und ergänze auf seinem Ausdruck unter dem Titel »Große Controlling Runde« und dem Untertitel »Große C Runde« handschriftlich »Große C R« und darunter »G C R«.

Alex sieht mich an und nickt anerkennend. Er nimmt mir die Folie aus der Hand und langt nach seinem Stift. Er überlegt eine Weile und gibt mir die Folie dann zurück. Er zuckt mit den Schultern, »Das kann ich nicht mehr steigern, dazu fällt mir nichts weiter ein«, flüstert er und ergänzt noch: »Das ist ziemlich selten.«

Torsten kommt langsam an das Ende seiner Rede, der letzte Satz lautet ungefähr »Ja, also, es ist einfach wichtig, dass wir mit dem Monatsbericht besser werden, auch qualitativ.«

Daran schließt sich eine gewissen Stille an, die schließlich Frau Moori nutzt, um sich mal wieder selbst zu hören: »Ja, dazu will ich auch noch sagen, weil das ist in der Vergangenheit oft nicht so geschehen, und es ist aber wichtig, wenn Sie im SAP PSP Elemente bebuchen, dann müssen Sie auch Merkmale mitgeben.«

Ich habe keine Ahnung, wovon sie spricht, ich glaube auch nicht, dass ihr irgendjemand zuhört. Torsten jedenfalls spielt wieder mit seinem Blackberry. Deswegen bekommt auch niemand den großartigen Moment am Ende der Ansprache mit.

Frau Moori hat ihr Anliegen in großer Detailtiefe beschrieben und schließt nun an: »Also, zukünftig wird das so gemacht. Wir vom ZC beschließen das so, auf Basis unserer Richtlinienkompetenz und, weil keine Entscheidung ohne Begründung, folgt die Begründung: Das hat sich in der Vergangenheit bewährt.«

Ich unternehme gewaltige Anstrengungen, mir äußerlich nichts anmerken zu lassen. »Das hat sich in der Vergangenheit bewährt«? Was ist denn das für eine großartig angekündigte Begründung? Sie könnte noch anschließen »Das haben wir schon immer so gemacht« oder auch »Da könnte ja jeder kommen«. Und hier, ich hab noch einen: »Anders hat das noch nie funktioniert.«

Die Besprechung zieht sich noch über Stunden, meistens dauert sie zwischen drei und vier. Aber nie mehr als viereinhalb, denn sonst schafft es niemand mehr in die Kantine.

Risikomanagement, das Ende

Nach meiner Kündigung ist klar, dass das Risikomanagement im Dezember an den Kollegen zurückgehen wird, von dem ich es übernommen habe. Meiner Einschätzung nach ist zu diesem Zeitpunkt im September das Risikomanagement in schlechterem Zustand, als im Januar, als ich es übernommen habe. Das übergeordnete Problem der fehlenden Risikokultur ist unverändert ungelöst. Ich habe von den Beratern dazu nie eine Antwort bekommen, vielleicht kam noch eine nach meiner Zeit. Die anderen Anpassungen aus dem Projekt aber, die neuen Kategorien für die Risiken ebenso wie die viel detailliertere Erhebung führen dazu, dass die ursprüngliche Datenbank der Risiken nicht mehr genutzt werden kann, ebenso wie die Auswertungen aus derselben und die darauf aufbauenden Berichte für den Aufsichtsrat.

Ich phantasiere dazu ein Gespräch am Gartenzaun mit meinem Nachbarn Günni zusammen. Günni ist Schulabbrecher und Gelegenheitsjobber: »Hallo Günni, hast du gesehen? Ich habe mein Haus abgerissen. Ich werde das neu aufbauen, schöner und größer und stabiler.«

Günni schaut interessiert, bevor er eine Überlegung formuliert, die ich übersehen haben muss: »Wo wohnt ihr denn bis dahin?«

Neu planen, aufbauen, umziehen, das Alte abreißen – die Reihenfolge einzuhalten ist keine Atomphysik. Ich dagegen stehe nun vor den Trümmern im Regen. Ich behelfe mir damit, dass ich den letzten Risikobericht an den Aufsichtsrat irgendwie aktualisiere und ich komme damit durch, es gibt keine Rückfragen.

Meine noch verbleibende Zeit beim Flughafen kann ich dafür nutzen, neue Berichte zu entwerfen und in Einzelgesprächen mit allen Mitgliedern des Lenkungsausschusses abzustimmen. Die sind von den neuen Folien begeistert und das stimmt mich traurig. Die Datenbank und die Auswertungen anzupassen und die neuen Risiken einzulesen bleibt dagegen eine weitgehend unbeachtete Arbeit. Am Ende habe ich das Gefühl, dass das Risikomanagement, das ich zurückgebe, zumindest nicht schlechter aufgestellt ist als Risikomanagement, das ich übernommen habe.

Die Berater sind die ganze Zeit auch noch da, meistens allerdings nur noch einer und auch nicht mehr jeden Tag. Nach dem Vorfall mit dem Statusbericht und dem Gespräch zwischen Nummer 7b und dem Partner sind sie außerdem sehr zurückhaltend geworden. Trotzdem bekomme ich irgendwann noch eine Rechnung in der preislichen Höhe einer Mittelklasselimousine. Das ist Anlass für ein Gespräch mit dem Teamleiter der Berater, welche Leistungen hier genau abgerechnet werden und warum wir mit dem Projekt in Fehler hineingelaufen sind, die selbst mein Nachbar Schulabbrecher Günni erkannt hätte. Die Rechnung wird ohne viel Aufhebens zurückgenommen, die Berater wissen auch, dass ich gekündigt habe.

Mein Großvater pflegte zu sagen: »Wenn du Berater siehst, musst du in die andere Richtung laufen.«

Oktober 2011 – Der sechzehnte Monat

Zum ersten Oktober ist endlich die Stelle von Frau Peter wieder besetzt. Nachdem die letzte Top-Kraft ihre neue Stelle am Flughafen kurzfristig nicht antreten wollte, wurde einfach die zweitbeste Kandidatin gefragt, ob sie trotz der inzwischen verschickten Absage noch verfügbar sei. Und nun ist sie also da, sie ist die neue Abteilungsleiterin der Dezentralen Controllingabteilung des einen Bereiches, für den ich verantwortlich bin. Also laufe ich vorbei und stelle mich vor.

Die neue Kollegin macht einen freundlichen und aufgeschlossenen Eindruck. Wir sitzen eine Weile zusammen und ich berichte ihr gleich, dass ich mich auf ihre Stelle beworben habe und auch, dass ich inzwischen gekündigt habe. Sie erzählt, dass sie vorher bei der Stadt Berlin in der Verwaltung gearbeitet habe. Ich habe nicht genau verstanden, was sie gemacht hat. Aber es hatte jedenfalls nichts mit Controlling oder Finanzen zu tun. Während meiner verbleibenden drei Monate hatten wir nur gelegentlich miteinander zu tun. An meinem letzten Arbeitstag war ich bei ihr im Büro und habe mich verabschiedet. Später habe ich erfahren, dass der Flughafen ihr kurz vor Ablauf der Probezeit gekündigt hat.

Vorfall des Monats: Die KFZ Kennzeichen

Die nachfolgende Geschichte möchte ich in die Kategorie »Märchen« einordnen. Ich habe sie oft gehört, und zwar gehören alle meine Quellen zu der so zuverlässigen Oberkategorie

»Flurfunk« und ich habe großes Vertrauen in diese Quelle speziell hier. Dennoch habe ich an keiner Stelle mit den von diesem Vorfall direkt Betroffenen gesprochen und damit ist der ganze Vorgang für mich nicht verifiziert. Zu der Geschichte muss ich auch vorausschicken, dass das Unternehmen zwar seinen Hauptsitz in Brandenburg hat, trotzdem aber zu Berlin gehört. Zumindest, was die Telefonnummern angeht. Und auch die Kennzeichen der Dienstfahrzeuge, die alle mit »B« beginnen. Ebenso hat es kürzlich eine Dienstanweisung gegeben, aus der hervorging, dass die Kennzeichen der Dienstfahrzeuge umgestellt werden von B-BI (BBI, der Arbeitstitel der Baustelle) auf B-ER (BER, das Kürzel des neuen Flughafens). Aber das nur am Rande.

Das Märchen geht nun so: Nummer 1 bekommt einen neuen Dienstwagen und mit dem neuen Dienstwagen auch neue Kennzeichen mit dem B-ER und der Ziffernfolge 3005. Was für ein freudiger Moment, wo doch der 30.05. genau der Geburtstag unseres Geschäftsführers ist. Die Freude allerdings währt nicht lange, denn das Datum ist der Geburtstag der Nummer 2, also des anderen Geschäftsführers. Der ist erzürnt und verlangt die Herausgabe des Kennzeichens mit seiner Geburtstags-Ziffernfolge. Wie in jedem guten Märchen gibt es jetzt einiges Hin und Her bevor endlich die gute Fee kommt, in Form von Nummer 7b, der Chef von meinem Chef und auch Chef vom Chef der Einkaufsabteilung. In letzterer Funktion wird Nummer 7b aufgefordert: Erstens ein neues Kennzeichen für Nummer 1 zu besorgen, zweitens das strittige Kennzeichen zu reservieren bis Nummer 2 ebenfalls einen neuen Dienstwagen erhält und drittens sich um beides persönlich zu kümmern und nicht an den Einkauf zu delegieren. So ist das, Feen haben bei Wünschen keine Mitspracherechte. Märchen Ende.

Tag des Monats: Dienstag 344. Arbeitstag

Ein Unternehmen wie der Flughafen ist wie eine gut geölte Maschine. Auf der einen Seite wird weißes Papier in der Qualität 80 Gramm je Quadratmeter und im Format A4 angeliefert, säuberlich gebündelt zu Päckchen je 500 Blatt und zusammengefasst in Kartons zu je fünf Päckchen. Dieses Papier wird verteilt auf Drucker und Kopierer und vielleicht verwendet es der eine oder andere auch für einige handschriftliche Notizen.

Wie wir inzwischen wissen, darf man sich bei der Entnahme eines Päckchens aus dem Druckerraum für diesen Zweck nicht erwischen lassen. Das meiste Papier aber wird in den Druckern oder Kopierern verbraucht und monochrom oder farbig, ein- oder beidseitig bedruckt, oft einfach auch versehentlich. Ein falscher Klick und das schrankgroße Kopier-, Druck- und Scan-Kombinationsmonster hat den nächsten kleinen Baum am Wickel. Sollte der Ausdruck tatsächlich gewollt sein und ernsthaft benötigt werden, was durchaus vorkommen kann, dann wird er anschließend vielleicht zusammen- oder ab- oder ringgeheftet und abgelegt. Dann vergeht einige Zeit, in der das wichtige Dokument zu Altpapier reift, schließlich entsorgt und in großen, metallenen und abschließbaren Tonnen auf der anderen Seite aus dem Unternehmen hinausgetragen wird.

Im Verlauf des Oktobers habe ich angefangen, meine Unterlagen durchzusehen und den Teil beiseite zu legen, der von meinem Nachfolger nicht weiter benötigt wird. Bis zu dem heutigen Tag in der späteren Hälfte des Monats ist ein kleiner Stapel zusammengekommen und so mache ich mich damit auf den Weg zur Altpapiertonne. Die steht auf dem Flur hinten, auf halber Strecke zum Parkplatz.

Kaum habe ich meinen kleinen Stapel entsorgt, spricht mich eine Kollegin an: »Sie wissen schon, dass das unsere Tonne ist?«

Ich bin verwirrt: »Nein, das ist mir nicht bewusst.«

»Also, nun wissen Sie's. Das ist unsere Tonne und Ihre Abteilung sollte sich eine eigene Tonne bestellen. Sagen Sie das Ihrem Chef!«

»Ja, ich werde das mitnehmen«, gebe ich zurück.

Und dann habe ich es zwar mitgenommen. Aber ich habe es nirgendwo hingebracht.

November 2011 – Der siebzehnte Monat

Dieser November ist vielleicht nur insoweit ein etwas ungewöhnlicher Monat, als er fünf Dienstage enthält und damit auch fünf kleine Controllingrunden. Wie eigentlich immer sind die Themen so dies und das, Torsten erzählt, was demnächst anliegt, was es Neues gibt, wen er gesprochen hat oder irgendetwas ähnliches oder auch schon mal irgendetwas vollkommen anderes. Protokoll gibt es keins, eine Agenda gibt es auch nicht. Bei einer der letzten kleinen Controllingrunden kommt die Sprache auf die Liste der neun Projekte der Abteilung, wie wir sie vor etlichen Monaten zusammengestellt haben. Die Liste wird auf dem Flipchart aufgeblättert und einige Minuten lang nachdenklich betrachtet. Dann setzt eine Diskussion ein, zunächst noch bezogen auf einen Punkt der Liste, nur um nach wenigen Augenblicken in eine andere Richtung zu schwenken. Dann werden dazu noch einige Worte gewechselt und die Liste ist wieder vergessen. Ist am Ende ja für uns alle nicht so sehr rühmlich.

Draußen werden die Tage immer kürzer, es wird zunehmend kälter und gelegentlich fällt Schneeregen. Zum ersten Mal seit 16 Monaten allerdings ändert sich auch hier drinnen etwas, von Tag zu Tag wird es für mich klarer und sonniger. Das Ende steht fest und ich kenne den Tag, an dem ich gehen darf. Das ändert alles und was immer auch noch passieren mag in diesen letzten Tagen, mich betrifft das kaum.

Tag des Monats, Freitag 362. Arbeitstag

Im November übernimmt Alex das Monatsgespräch mit meinem Bereich Liegenschaften. Er hat mir lange genug gegenüber gesessen, um zu wissen, dass seine Aufgabe darauf beschränkt ist, einige Notizen aus der Besprechung mitzunehmen. Notizen, die auch nie jemand braucht. Und es verwundert ihn auch nicht, das Torsten zu dem Gespräch mitkommt, wie Torsten sagt »zunächst einmal«. Ich selbst gehe nicht mit, ich habe das anderthalb Jahre mitgemacht, jetzt dürfen auch mal andere spielen. Ich weiß nicht mehr, was meine offizielle Begründung war, vielleicht irgendetwas im Bereich »Termin wegen Schließung Tempelhof«.

Projekt des Monats: Besichtigung der Baustelle

Mit der Nachricht, dass ein Nachfolger für Nummer 7 gefunden sei, war kurzfristig auch unsere Hoffnung untergegangen, dass wir weiterhin das alte Büro von Nummer 7 für unsere Besprechungen würden nutzen können. Es stellte sich aber heraus, der neue Bereichsleiter möchte nicht abgelegen im Turm sitzen, er bezieht ein anderes Büro und unser Besprechungsraum bleibt verwaist. Das ist die erste erfreuliche Entwicklung. Die zweite erfreuliche Entwicklung ist, dass bei einer unserer Besprechungen herauskommt, dass Hans einen Baustellenausweis hat. Damit darf er auf der Baustellen überall hin und er darf beliebig viele Gäste mitnehmen. Darauf hätten wir meinetwegen früher kommen können. Es zeichnet sich also ab, dass ich doch noch näher an die Baustelle herankomme, als sie nur in einiger Entfernung zu umkreisen wie Michael Collins den Mond.

Zunächst ist die Terminfindung schwierig, wir wollen gemeinsam gehen und gleichzeitig ausreichend Zeit zur Verfügung haben. Schließlich aber finden wir einen geeigneten Zeitpunkt. In der Kleiderkammer gibt es Stiefel und Bauhelme für alle, Hans hat ein Fahrzeug aus dem Fuhrpark gebucht und fährt uns hinüber. Mit seinem Ausweis wird unser vollbesetzter Golf an der Kontrollstelle durchgewunken. Hans fährt uns auf das Vorfeld und auf die Rückseite des Hauptterminals. Wir parken an der Stelle, an der nach Eröffnung der Airbus A380 andocken wird. Von hier suchen wir uns einen Weg in und durch das Gebäude. Das ist nicht ganz einfach, mancher Weg ist verstellt oder abgesperrt. Das Innere des zukünftigen Flughafens ist zu dem Zeitpunkt vor allem dunkel, zwischen dämmerig und finster. An einigen Stellen hängt eine Neonröhre von der Decke, vereinzelt sorgt eine Baustellenleuchte für etwas Licht, aber an den meisten Stellen hätten wir eine Taschenlampe gut gebrauchen können. In den engen und dunklen Gängen verliere ich sehr schnell die Orientierung und ich glaube, Karl und Alex geht es nicht anders. Hans aber kennt sich gut aus, er zeigt uns die beeindruckende Check-in-Halle und die Sicherheitsschleusen. Direkt dahinter beginnt die große Verkaufsfläche. Wer fliegen will, muss erst hier hindurch. Ich finde das ziemlich unseriös, aber Hans wischt das beiseite, das sei heute so: Flughäfen seien Tempel des Konsums. Und fliegen sei maximierte Umweltverschmutzung, der optimale Klimakiller.

Hans bleibt stehen, dreht sich um und fügt hinzu: »Wenn ich irgendwann in Rente gehe, kann ich beruhigt sagen: Ich hatte meinen Anteil an den Müllbergen und an der Klimakatastrophe.«

»Weißt du«, entgegnet ihm Karl, »ich war in der Uni richtig gut, ich hätte auch woanders arbeiten können.«

Ich will auch gerade zu dem Gespräch beitragen, da unterbricht mich Alex: »Ich glaube, Du solltest nichts dazu sagen, du hast gekündigt.«

Hans stimmt ihm zu: »Ja, wirklich, du elender Gutmensch.«

Dezember 2011 – Der achtzehnte Monat

Alex soll meine Aufgaben übernehmen und die Übergabe erfolgt im Dezember. Zu dem Zeitpunkt hat er mir schon erzählt, dass er eine neue Stelle hat und auch am Jahresende kündigen wird. Der neue Arbeitsvertrag wird ihm erst nach Weihnachten zugestellt und bis dahin ist der Plan nicht offiziell. Also übergebe ich das wenige, was ich an Arbeit habe an den Mitarbeiter der Abteilung, der praktisch auch schon weg ist.

Projekt des Monats: Einführung in den BER

Anfang des Monats bekomme ich einen Anruf von der Sekretärin von Nummer 7b. Sie erläutert mir, dass es vor der bevorstehenden Eröffnung des Flughafens eine Schulung für alle Mitarbeiter geben solle, sozusagen damit sich jeder am neuen Flughafen auskenne. Sie sei nun aufgefordert, die Mitarbeiter des Bereichs Finanzen auf die Schulung zu verteilen. Sie habe schon gehört, dass das eine ganz spannende und interessante Sache sei und wolle mich gerne als ersten zuteilen, da ich ja nicht mehr lange da sei.

Das rechne ich ihr hoch an, denn natürlich schlägt eine Besichtigung der Baustelle einen Tag im Büro. Die Schulung selbst findet einige Tage später statt und geht schon um neun Uhr in der Frühe los. Es gibt sogar eine Agenda und das verwundert mich zunächst, aber die einfache Erklärung dafür ist die, dass die Schulung von einem externen Dienstleister gehalten wird, der bisher noch nicht so viel mit dem Flughafen zu tun hatte. Vormittags sind Vorträge vorgesehen, nachmittags die Begehung der Baustelle. Insgesamt geht es darum, allen zukünftigen Mitarbeitern den neuen Flughafen näher zu bringen und Begeisterung dafür zu wecken. Im Schulungsraum sitzt Mark links neben mir. Er ist jung, hat seit wenigen Jahren seinen Realschulabschluss und arbeitet seitdem für eine Zeitarbeitsfirma, die ihn an ein Unternehmen ausgeliehen hat, das wiederum für die Flughafengesellschaft die Bodenverkehre abwickelt. Mark liebt Flugzeuge und damit auch seinen Job. Fast alle seine Schulfreunde sind bei einer Zeitarbeitsfirma oder geringfügig beschäftigt und alle beneiden ihn um seine Arbeit beim Flughafen. Er erzähle aber auch nicht viel von den geringen Löhnen bei der Zeitarbeitsfirma, von den nicht vorhandenen Sozialleistungen und von den schlechten Arbeitsbedingungen, räumt er mir gegenüber ein. Als er erfährt, dass ich direkt bei der Flughafengesellschaft arbeite, werde ich sofort zu einer Art Gottheit aus dem Olymp. Dabei bin ich eigentlich eher so etwas wie früher die Adeligen: Tut nichts, aber hockt da und lebt von den Ressourcen, die durch Marks harte Arbeit entstehen.

Nachmittags fahren wir mit Bussen auf die Baustelle und werden ausführlich und zu Fuß herumgeführt. Nachdem ich es in 16 Monaten nicht geschafft hatte, hierher zu kommen, ist das die zweite Führung in zwei Monaten. Wer schon weiß, wo er arbeiten wird, bekommt seine Arbeitsstelle gezeigt. Die meisten wissen es aber nicht. Ich weiß immerhin, dass ich nirgendwo hier arbeiten werde. Daher bin ich auch gelassen, als wir die erhebliche Strecke abwandern, die die Mitarbeiter aus der Sicherheitszone jeden Tag bewältigen müssen, um vom Bahnhof zur Sicherheitsschleuse und anschließend zu ihrem Arbeitsplatz zu kommen. Die mürrischen Stimmen in unserer Gruppe besänftigt der Schulungsleiter mit dem Hinweis, auch dafür würde sicherlich noch eine Lösung gefunden. Das ist nicht das erste Mal, dass ich zwischen den Zeilen herauszuhören glaube, dass er den Flughafen für nicht sehr gelungen hält. Ich meine Kritik herauszuhören dahingehend, dass an vielen Stellen Dinge zunächst eingespart oder später hinzugefügt worden sind und das abhängig davon, ob sie zunächst vorgesehen oder nie geplant waren. Nun fehlen Rolltreppen oder Laufbänder sind nachträglich installiert worden, Räume wurden hinzugefügt oder verkleinert oder verbunden oder vergrößert, Gänge wurden umgelegt oder neu angelegt oder verkleinert oder jede beliebige Kombination aus dem Vorgenannten.

An diesem Tag war ich das letzte Mal auf der Baustelle, die in sechs Monaten der neue Flughafen der Region Berlin und Brandenburg werden sollte. Meine Fotos von dem Tag zeigen eine fröhliche Schulungsgruppe und einen Flughafen in einem sehr frühen Stadium des Innenausbaus. Geplant war, dass zu diesem Zeitpunkt der Flughafen fertiggestellt und im Probebetrieb ist. Viereinhalb Monate später wurde auf einer eilig einberufenen Pressekonferenz der Eröffnungstermin abgesagt, weil die Entrauchungsanlage nicht »die nötige Reife hat«.

Vielleicht war das der Anfang vom Ende der Flughafengesellschaft, vielleicht war das aber auch das Ende vom Anfang des neuen Flughafens.

Tag des Monats, Montag, der letzte Arbeitstag

Selbst an meinem dreihundertzweiundneunzigsten, meinem letzten Arbeitstag schaffe ich es nicht pünktlich, es ist fast halb zehn, als ich endlich da bin. Ich gebe heute von zehn bis zwölf Uhr meinen Ausstand. Die ganze Abteilung hilft mit, das Buffet aufzubauen, daher sind wir auch pünktlich um zehn Uhr so weit. Torsten hat eben noch ein wichtiges Telefonat, also warten wir geduldig. Mit kleiner Verspätung geht es los. Es gibt keinen Respekt vor der frühen Stunde, Sekt wird ausgeschenkt. Das Frühstück zieht sich etwas über die veranschlagten zwei Stunden, zum Abschluss werden Kurze gereicht.

Den restlichen Tag verbringe ich damit, durch die Flughafengebäude zu laufen und mich von den Kollegen zu verabschieden. Manchmal bekomme ich ein kleines Abschiedsgeschenk, oft wird Kaffee gereicht und meistens finden die Gespräche kein Ende.

Es ist daher schon ziemlich spät, als ich mit meiner Runde fertig bin. Draußen ist es schon lange dunkel und ungemütlich, Schneeregen. Die Kollegen aus meiner Abteilung haben sich schon alle viel früher verabschiedet, vielleicht wegen des Sekts. Oder der Kurzen. Jedenfalls bin ich der Letzte, der noch da ist. Und der Erste, der geht. Ich packe meine Sachen in einem mitgebrachten Karton zusammen. Dann laufe ich ein letztes Mal nachdenklich durch das, was die letzten 18 Monate lang meine Abteilung war. Im Besprechungsraum ist auf dem Flipchart noch immer die Seite mit den neun Projekten der Abteilung aufgeschlagen. Dahinter steht überall »Prio A«. Ich schalte der Reihe nach in den Zimmern das Licht aus, greife meine Sachen und werfe noch einen Blick zurück in mein Büro. 18 Monate, was für ein Wahnsinn. Ich lösche auch in meinem Büro das Licht und ziehe die Tür zu. Dann nach rechts, zum letzten Mal den langen Gang entlang, eine Etage tiefer durch die Tür zum Parkplatz, sie fällt krachend hinter mir zu. Ich stehe im Schneeregen, es ist dunkel, es ist kalt, es ist feucht.

Es ist großartig.

Anfang

(von etwas anderem)

Der Autor

Matthias Roth, Jahrgang 1974, studierte nach dem Abitur und einer Bankausbildung Wirtschaftsingenieurwesen und arbeitete anschließend insgesamt sieben Jahre bei einem Transportunternehmen und einem Energieversorger im Bereich Finanzen als Controller und Risikomanager. Im Juli 2010 trat er eine Stelle als Controller bei der Betreibergesellschaft der Berliner Flughäfen an, wo er 18 Monate blieb. Er verließ das Unternehmen im Dezember 2011, sechs Monate vor der geplatzten Eröffnung des neuen Hauptstadtflughafens BER.